実存から実存者へ

エマニュエル・レヴィナス
西谷 修 訳

筑摩書房

目次

本書は一九八七年十月十五日、朝日出版社より刊行され、のち一九九六年十一月十日、講談社学術文庫で刊行された。

表記について

原文では、⑴善、神などいくつかの普遍的概念が頭大文字で、⑵引用文および引用的性格の表現が《 》で、⑶強調がイタリック体で表記されているが、かならずしも系統的な表記法ではなく、同じ用語・表現でも場合によって別の表記になっていたり、なんの指示もなかったりしている。そのため訳文では、訳文上での読みとりやすさを優先的に配慮して、原則的に、⑵は「 」で、⑴のすべてと⑶のうち目立たせたい用語は〈 〉で、表現は傍点で示すこととした。ただあくまで原則であって、日本語表記のなかで扱いにくい〈il y a〉はすべて〈ある〉と表記し、そのほかのレヴィナス独特の用語についても文脈に埋もれがちな箇所では適宜〈 〉を用いて強調した。

原文ラテン語の箇所はカタカナ表記とした。

本文中での原語の並記はなるべく避けて訳注にまわし、文意がフランス語の表記に関わっている場合のみ原語を並記した。

原注は（原注1）（原注2）…で示し、訳注は（1）（2）…で示した。

訳　者

実存から実存者へ

はじめに

ここに呈示する研究は予備的な性質のものである。ここでは、〈善〉の問題、〈時間〉、〈善〉に向かう運動としての〈他人(たじん)との関係〉などを扱う、より広範な探究のうちいくつかのテーマに触れ、それらがひとわたり検討されている。〈善〉を存在の彼方に位置づけるプラトンの定式が、この研究を導くもっとも一般的でもっとも空虚な指標である。この定式の意味するところは、実存者を〈善〉の方へと導く運動は、実存者を高次の実存へと高める超越（transcendance）ではなく、存在とそれを記述する諸々(もろもろ)のカテゴリーから外に出ること、つまり過-越（ex-cendance）だということである。しかし〈過-越〉も〈幸福〉も必然的に存在に根ざしており、だからこそ存在することは存在しないことよりもよりよいのだ。

存在の内に置かれているというこのあり方、すなわち存在における〈定位（position)〉に、本書のテーマは限定されている。とはいえ、この叙述がどのような哲学的展望のなかに位置するものなのかは隠すべくもなく、別の著作に委ねられるべき諸々の展開もたえず先取りされている。

　第二次大戦前に着手されたこの探究の全体は、捕囚の境涯で続けられ、大半の部分はそこで書かれたものである。ここでスタラグ〔ドイツの捕虜収容所〕に言及するのは、深遠さの保証としてでもなければ、寛大に読まれる権利を期待してのことでもなく、ただ、一九四〇年から一九四五年にかけてあれほど華々しく刊行されたいくつかの哲学的著作に関する態度表明が、まったく欠落していることに対する弁明としてである[1]。

第二版への序文[2]

　すでに三十年の齢を経るこの本に展開された〈ある〉の概念は、その実質的な核をなす部分だと思われる。否定というものが絶対的であろうとすれば、そのような否定の作用は、この否定それ自体を遂行する思考という実存者をも含めていっさいの実存者[3]を否定することになるが、その否定も、つねに開かれてある存在——動詞的意味での存在

――の「舞台」に終止符をうつことはできないだろう。この存在とは、いかなる存在者も自分がそれだとは主張しない無名の存在、個々の存在者ないし存在者たちを欠いた存在であり、ブランショの比喩を借りていえば絶え間ない「騒動」であり、「雨が降る(il pleut)」とか「夜になる(il fait nuit)」といった表現と同様に非人称の〈ある(il y a)〉である。この語はハイデガーの「ある(es gibt)」とは根本的に異なっている。〈ある＝イリヤ〉はけっして、このドイツ語表現や、そこに含まれている豊饒さや気前よさといった含意の、翻訳でもなければそれを下敷きにしたものでもなかった。[4] 捕囚の境涯で記述され、大戦明けに世に出たこの著作に呈示された〈ある〉の起源は、子供のときから胸に秘められ、不眠のさなかで沈黙が響きわたり空虚がみなぎるときにふたたび現れる、あの奇妙なオブセッションのひとつにまでさかのぼる。

一九四七年のこの本のなかで、〈ある〉という中心的テーマに付随して語られた諸々の発言内容も、それらをまとめた結論も、それぞれにそれぞれのレベルで意味を保持してはいる。とはいえそれらの発言内容が、〈ある〉の概念が帯びている諸々の可能性をときには時期尚早に決定してしまっているということもありうる。それゆえ、これらの展開のうちで今日なお私が重要とみなしている要点のいくつかを指摘しておくことを許されたい。それは、怠惰と疲労と努力の現象学を試みたこの本の最初の部分のテキストのうちにある、〈ある〉に照らして理解された〈存在〉の、砂漠のようで、つき纏って離れず、恐怖を誘う性格を際立たせたいくつかの表現である。だがまた、なによりこの〈ある〉そのものの描写であり、強調された〈ある〉の非人間的な〈中立性〉である。この中立性は、否定よりも強靭な存在が、そういってよければ存在者たちに服従し、実存が実存者に服従する〈実詞化（hypostase）〉という出来事のなかで、すでに乗り超えるべきものとしてある。『実存から実存者へ』の大部分の叙述が試みているのは、この〈実詞化〉すなわちこの〈定位〉へのアプローチである。

しかし脱‐中立化は、生きる者たち——実存者——の「存在への努力（conatus essendi）」[5]のなかでも、また彼らのいる世界の内でも、その真に人間的な意味を獲得することはできないだろう。世界の内では、生きる者たちの「自己への気遣い」の野蛮さは文明化されるが、しかしそれは無関心へと、諸力の匿名の均衡へと転化するのであり、そうして必要とあらば戦争へと転化しさえする。その無関心とは、世界の彼方に求められはするが他人たちを顧慮することのない救済というもののもつエゴイズムのうちに維持される無‐関心（in-différence）、すなわち差異の内にとどまることなのだ。それゆえに私たちは、〈ある〉に還帰することのない〈実詞化〉による離脱が展開されている一節に、現在的意味を認める。存在者の「存在者性」というよりさらに鋭い新たな意味を、自我は、非対称性として構造化された他人の間近さのうちに見出すのだ。非対称性とはつまり、私がけっして他者に対する義務を免れない以上、隣人に対する私の関係は、この隣人から私へと向かう関係を反転したものではけっしてないということだ。関係は不可逆的である。それが存在の脱 - 中立化なのであり、〈善〉という語の倫理的意味をついに伺わせてくれるものだ。またそれが源初的社会性である「他人との対面」と時間性との結びつきを示唆する不可逆性である。時間性は「死に向かう存在」に結びつけられはしないだろう。(原注1) 最近の研究で、超越の諸テーマを検討し、〈無限への欲望〉としての時間性の分析を試みることができたのは、他人との関係と、それが意味している自我の「自我性」からの方向転換から出発してのことである。

「実存者」つまり人間という「存在者」のうちに、そしてハイデガーが後に「存在者の存在者性」と呼ぶことになるもののうちに、存在の「掩蔽(えんぺい)」を見るのでなく、〈善〉へと向かう、〈神〉との関係へと向かう一段階を見てとり、存在者同士の関係のなかに「終わりつつある形而上学」とは別のものを見ることは、ただたんに名高いハイデガー的差異の両項を転倒して、存在の代わりに存在者を特権化することを意味するものではない。(原注2)この転倒は、存在論的差異を越えた意味──おそらくそれが、とどのつまりは〈無限〉の意味にほかならない──を意味することになる、存在論よりもさらに古い倫理へと開かれたある運動への一歩なのだ。それが『全体性と無限』から『存在するとは別の仕方で』へと進む哲学的歩みである。(原注3)

至り着くことのない歩み。〈無限(Infini)〉とはまさに終わりなきことであってひとつの項＝終わり(terme)ではない。この〈歩み〉に息吹を与える〈探究〉と〈問い〉は、〈無限への欲望〉に由来している。この〈探究〉と〈問い〉は、〈無限への欲望〉が呼び寄せるあるいは惹起(じゃっき)する〈認識〉のなかで変換を被る。(原注4)そこでは〈探究〉と〈問い〉は、「探究－創出」および「問い－答え」という相関性のなかに現れる。しかし〈認識〉が〈哲学〉となって、認識の過程で設問に対して解答が与えられるように〈無限への欲望〉に〈充足を与え〉ようとするとき、〈問い〉がふたたび浮かび上がってくる。〈問い〉は哲学においてはつねに解答の背後からふたたび浮かび出る。〈問い〉が最後の言葉をもち、そうして〈無限への欲望〉という忘れられたみずからの出自を明らかにするのだ。

もちろん、著者には自分自身の思考の進化を叙述するような文章を書こうとする資格はないだろう。そんなことをすれば、ひとつの思考の不調和をその行く末でもって帳尻合わせするという誹り（そし）りを免れない。しかし、学校でも同じことだが、生徒の誤りを訂正したり矛盾や不手際を指摘したりするのに急な「教師」たちは、その検閲に際して、あらゆる探究が避けがたく断続的な性格をもつということに大いに助けられているものだ。一九四七年に〈善〉と〈時間〉と「〈善〉へ向かう運動としての他人との関係」を目指すという意図を巻頭に記し、「〈善〉を存在の彼方に位置づけるプラトンの定式」を導きの糸に掲げた探究は、それに使われる用語や言い回し、その操作概念やいくつかの主張が変化したとしても、その目指すところに忠実であることに今も変わりはない。

第三版への序文

この本の新版は旧版とまったく同じである。第二版の序文に述べられた立場に変わりはなく、その序文は一九四七年に書かれたこの書を、それに続く仕事との関係できわめて的確に位置づけている。

一九八一年九月

原注

(1)『実存から実存者へ』のなかで指摘されているこの「時間と他者」の関係は、一九四七―四八年度にジャン・ヴァールの主宰する哲学学院で四回にわたって行われた講演で、同じ標題のもとに初めて展開された。

(2) ジャン＝リュック・マリオンがその優れた著作『偶像と隔り』のなかで想定しているように。

(3) 拙著『全体性と無限』(一九六一) および『存在するとは別の仕方で、あるいは本質の彼方へ』(一九七四)、ともにCollection Phaenomenologica, Nijhoff, la Haye.

(4)『存在するとは別の仕方で、あるいは本質の彼方へ』一九五―二〇七ページ参照。

訳注

(1) レヴィナスは、開戦と同時にロシア語およびドイツ語の通訳として動員されていたが、一九四〇年ドイツ軍のフランス侵攻直後に捕虜となり、終戦までの約五年間をブルターニュ、次いで北ドイツのハノーバー近辺の捕虜収容所で過ごした。ユダヤ人捕虜班に配属されたが、兵士として囚われたため戦争捕虜に関するジュネーブ条約の適用を受け、強制収容所送りを免れた。強制労働はあったもののある程度の読書執筆は許されていたという(François Poirié : Emmanuel Lévinas, Ed. La manufacture 1987. 所収の対談による)。この間、サルトルの『存在と無』(一九四三)、メルロ゠ポンティの『行動の構造』(一九四二)、『知覚の現象学』(一九四五)などが出版されている。ただ、本書には随所にサルトル的な「実存主義」への批判と読める箇所があり、レヴィナスがサルトルを読んでいなかったとは思われない。

(2) 第二版は一九七七年刊。この序文は、本書の内容と、この時点にいたるレヴィナスの思考の歩みを前提に書かれているため、唐突な表現や飛躍もあるが、用語については以下の本文および訳注を参照されたい。

(3) 原語は〈existant〉。ここでは一般に「存在するもの」と受けとっていい。この訳語はここの文脈ではそぐわない感じも与えるが、本文全体との関係でこの語には「実存者」という訳をあてた。「序章」訳注(2)を参照。

(4) 「イリヤ(il y a)」は、後に名詞をともなって「……がある」を意味する表現で、ドイツ語では「エス・ギープト(es gibt)」がこれにあたる。この二つの表現の特徴は、何かの存在を表す表現でありながら、「存在する(être または sein)」という動詞を含まず、非人称構文をなしていることである。ただそこに使われる動詞が、フランス語では所有を意味する〈avoir〉、ドイツ語では「与える」を意味する〈geben〉と、異なっている。ハイデガーは『ヒューマニズムについて』（一九四九）のなかで、サルトルの『実存主義はヒューマニズムである』（一九四六）に触れ、この二つの表現の違いを強調し、〈es gibt〉というドイツ語表現の独自性に結びつけて「存在」の本質を浮かび上がらせている。「『存在と時間』では、わざとそして慎重に、存在がある（il y a l'Etre.：Es gibt das Sein.）と述べられています。《il y a》は《es gibt》を正確に訳してはいません。それというのも、ここで《与える（gibt）》ところの《それ（es）》は、存在そのものであるからです。しかし《与える》とは、与えながら、その真理を保証する存在の本質をいうのです。存在の本質でもって開かれたもの（das Offene）のなかへ自らを与えるのが存在そのものなのです」（『ヒューマニズムについて』佐々木義一訳、理想社、五〇ページ）。レヴィナスは、ハイデガーのこの記述を逆手にとって、〈es gibt〉に対する〈il y a〉の非人称性、そしてその非情さを強調している。〈es gibt〉という表現の特異な意義は、「存在する」を意味する動詞〈sein：être〉が、その主語を「存在者」の扱いにしてしまうため、「存在」そのものの存在が問題になるとき、〈Das sein ist：L'Etre est.（存在が存在する）〉とは言えず——なぜならこの場合、「存在」は存在するもの、つまり「存在者」として扱われる——、〈Es gibt（das）Sein.：Il y a l'Etre.〉と言わざるをえない点に顕著に現れている。つまり〈es gibt〉は個々の存在のではなく「存在」そのもののあり方を表現するものである。〈Es gibt Sein.〉は文字通りに意味をとれば「それ（存在）が存在を与える」となり、ドイツ語では存在のあり方はいわば自己贈与として表現される点に、ハイデガーは重要な意味を付している。それに対してフランス語の〈il y a〉にはそのような贈与の含意はいささかもない（このフランス語は文字通りに訳せば「それがそこにもつ」ということになる）。レヴィナスは、「存在者」と「存在」とを区別し「存在」そのもののあり方を問題にするというハイデガー的観点を引き継いでいるが、〈es gibt〉がフランス語の〈il y a〉に置き換えられたときから、その「存在」そのもののあり方は決定的に違った意味をもってくる。

（5）スピノザ『エティカ』第三部、定理六「おのおののものは自己の及ぶかぎり自己の存在に固執するように努力する」、定理七「おのおののものが自己の存在に固執しようと努めるその努力は、そのものの現実的本質にほかならない」参照。

序章

実存するものとそのものの実存それ自体との区別、つまり、個、類、集団、神といった実詞[1]によって示される諸存在と、それらが実存するという出来事ないし行為との区別は、哲学的省察に避けがたく課されたものだが、同時にまたいともたやすくこの省察から消え失せてしまう。〈実存する（exister）〉という動詞の空洞に身を乗り出すとき、思考を襲う眩暈（めまい）のようなものがある。この動詞については何ごとも語れないように思われるし、この動詞は分詞のかたち――existant――でしか、〈実存するもの〉としてしか、可知的にはならないように思われるからだ。思考は、「存在する」という意味での存在の概念、つまり実存者を実存せしめるものから、実存の原因の観念、「存在者一般」とか神とかいった観念へと思わず知らずずれていってしまう。こうした観念の本質には、厳密にいえば実存しか含まれていないのだろうが、それでもやはりこれがひとつの「存在者」であることに変わりはなく、存在するという事実ないし行為あるいは純粋な出来事ないし営みではない。そしてこの営みの方は、「存在者」と混同されて理解されることになる。[2]

存在（être）と「存在者（étant）」とを分離するのが難しいことや、存在を「存在者」のなかで考えてしまう傾向は、もちろん偶然に生じたことではない。この困難や傾向は、瞬間を時間の原子とみなし、それをあらゆる出来事の彼方に位置づける習慣から生じている。「存在者」と「存在」との関係は、独立した二つの項の結びつきではないのだ。「存在者」はすでに存在と契約しているのであって、それだけを切り離すことはできない。「存在者」は存在する。主語が属詞に及ぼすほかならぬその支配を、「存在者」はすでに存在に対して行使している。そしてこの支配は、現象学的分析によれば分解しえないものである瞬間において行使されている。

しかし「存在者」の存在に対するこの密着は、ただたんに瞬間において与えられるというだけのことなのか、それとも、これは瞬間（instant）の〈立ち止り（stance）〉[3]そのものによって遂行されるのではないか、と問うてみることができる。あるいは〈瞬間〉とは、純粋な行為のうちで、存在するという純粋な動詞のうちで、「存在一般」のうちで、「存在者」つまり存在の主人となる実詞が定位される出来事そのものなのではないかと、そしてまた瞬間とは、「存在一般」の「分極化」なのではないかと、問うてみることができる。始まり、起源、誕生といったものはある弁証法を呈示するが、まさしくその始まりの弁証法のうちで、瞬間のなかに起きるこの出来事は感知しうるものとなる。始まりつつある「存在者」については、それを創り出す原因を見出すだけでなく、その「存在者」のうちで何が実存を迎え入れるのかを解明しなければならない。誕生とは、既存の主体が預かり物や贈り物を受けることだから、というのではない。被造者の側の純粋な受動性を含んでいる無カラノ（ex nihilo）創造でさえ、いまだ創造の瞬間である出現の瞬間に、被造者がみずからの存在に働きかけることを、すなわち主語が属詞を支配することを、必須の要件としているのだ。始まりとはすでにこの〔主語による属詞の〕掌握であり、存在するというこの活動なのである。瞬間はひとつの塊（かたまり）でできているのではなく、分節化されている。そしてこの分節化によって瞬間は、出来事とは無縁で単純な永遠と区別されている。

それを支配する「存在者」から分離された、〈存在する〉という出来事、すなわち存在一般とは何なのか。その一般性とは何を意味するのか。もちろん、それは類の一般性とは別のものだ。「何ものか」一般といえば、それは対象の純粋形式として「存在者」一般の観念を表すことになるが、この観念はすでに類を越えたところに位置している。「存在者」というのも、そこに種別の差異を付加しても種に下降することはできないからだ。「存在者」一般の観念はすでに、中世のアリストテレス主義者たちが一者や存在や善に関して用いた「超越者」の名に適っている。(4) しかし存在——実存者の実存をなすもの——の一般性は、そのような超越と同じものではない。存在はいかなる種別化も受けつけず、また何ものも種別化しない。存在は、ある対象が帯びる質でもなければ、質を支える媒体でもなく、またある主体の行為でもない。にもかかわらず、「これが存在する」という言い方のなかで、存在〔という動詞〕は属詞となり、そのうえで私たちはただちに、しかしこの属詞は主語に何ものも付け加えない、と言明させられるはめになる。だとしたら、存在を一「存在者」に帰属させるこのようなカテゴリー〔述語〕が理解しがたいという事態そのもののうちに、存在一般の非人称的な性格の表れを見てとるべきではないだろうか。存在一般は、ある反転によって、つまりこの本の主要テーマである現在という出来事によって、「存在者」の存在となるのではなかろうか。それにしても、存在がみずから人称的形式を拒むのだとすれば、どのようにして存在に近づけばよいのだろ

うか。[原注1]

本書はしたがって以下のような手順で記述される。まず、非人称的なものとしての存在一般の観念への手掛りを求め、ついで、〈現在〉および〈定位〉の観念を分析する。いわば〈イポスターズ＝実詞化〉[5]の効果として非人称的な存在のうちに一存在が、主体が、実存者が生まれ出るのはそこにおいてである。しかしこれらの問いは、ひとりでに立てられたものではなかった。それは、哲学的「問題設定」の一新を可能にした現代存在論のある種の立場から生じているといってよいだろう。

現代哲学における存在論の復興は、実在論とはもはやいかなる関係ももってはいない。この存在論的探究は、外的世界の実在と認識に対するその優位性とを前提的に肯定してはいないのだ。この探究が肯定しているのは、人間の精神性の本質的事態が、世界を構成する諸事物と私たちとの関係のうちにあるのではなく、人間の精神性は、実存しているという事実からしてすでに、存在があるというこの事実、この単純であからさまな事実と、私たちがとり結んでいるある関係によって規定されている、ということである。この関係は同語反復の粉飾などではなく、ひとつの出来事なのであり、その現実性とある意味で意想外なその性格とは、この出来事を成就する不安のなかに告知されている。

存在にともなう悪、観念論哲学における質料の悪は、存在することの禍悪となる。[6]

自我とその実存との関係が気懸りになり、実存が引き受けねばならぬ重荷のようにして現れるといった事態は、哲学的分析が通常は心理学に委ねてきたある種の状況のなかでことのほか切実なものとなる。私たちが取り組もうとしているのはそうした状況、つまり疲労や倦怠である。

私たちの考察が、その発端において少なからず――存在論の概念や人間が存在ととり結ぶ関係の概念に関して――マルチン・ハイデガーの哲学に触発されたものだというのが事実だとしても、この考察は、ハイデガー哲学の風土と訣別するという深い欲求に促されると同時に、しかしながらまた、この風土からハイデガー以前ともいうべき哲学の方には抜け出ることはできまいという確信に導かれている。

人間の実存に関するハイデガーの解釈を司っているのは、実存を脱自（extase）とみなす考え方、つまりはただ「終わりへと向かう」脱自としてのみ可能なものとみなす考え方であり、その結果、実存の悲劇性をこの有限性のうちに、そして人間が実存するにつれて徐々に身を投ずるこの無のうちに位置づける考え方であるように思われる。無の了解としての不安が存在の了解であるのは、存在それ自体が無によって規定されるかぎりでのことである。だとすれば不安のない存在は無限の存在だということになるだろうが、それもこの概念が矛盾していないとしてのことである。存在と無の弁証法が依然ハイデガーの存在論を支配しており、そこでは悪はあいかわらず欠陥つまり欠乏であり、存在の欠如すなわち無なのである。

私たちが問い質してみようと思うのは、悪を欠如だとするこの観念である。存在はみずからの限界と無以外に悪性を抱えてはいないのだろうか。存在の積極性そのもののうちに何かしら根本的な禍悪があるのではないだろうか。存在を前にしての不安——存在の醸す恐怖〔おぞましさ〕——は、死を前にしての不安と同じく根源的なのではないだろうか。存在することの恐怖は、存在にとっての恐怖と同じく根源的なのではないだろうか。いや、それよりいっそう根源的なのではないだろうか。というのも後者は前者によって説明しうるだろうから。ハイデガー哲学のなかでは等価であったり連携していたりする存在と無は、さらに一般的な実存という事実のいくつかの相なのではないだろうか。この実存は、もはやいかなる意味でも無によって構成されたものではなく、私たちが〈ある〉という事実と呼び、実存哲学の出発点である主観的実存とかつての実在論のこととする客観的実存とが混じり合う、より根源的な事実なのだ。私たちが無や死を軽々しく受けとめることができず、無や死を前にして身震いするのは、〈ある〉が私たちを全面的に捉えているからである。無に対する恐れは、ただ私たちの存在への関わり合いの深さを示すだけである。(7) 実存が死をもってしても解消しえないある悲劇性を秘めているのは、その有限性のためではなく、実存それ自体のためなのだ。

原注

(1) この「序章」の冒頭は、本書の第三章第二節とともに「ある」という題で「ドゥーカリオン」一号に発表された。

訳注

(1) 〈substantif〉はいわゆる「名詞」のことだが、〈substance〉(実体)に対応する語ということで「実詞」とも訳される。本書ではこの「実体」との関係がきわめて重要になるが、フランス語では語形上自明なこの関連が、日本語に訳す場合、「名詞」としたのではまったく見えなくなってしまうので、「実詞」を訳語とした。

(2) ここで問題となっているのは、言うまでもなくハイデガーのいわゆる「存在論的差異」、つまり「存在者(存在するもの)」と「そのものの存在」との区別だが、レヴィナスはそれを「実存者（実存するもの）」と「そのものの実存」と言い換えている。その理由についてはレヴィナス自身が『時間と他者』のなかで、「ハイデガーがたてた〈存在（Sein）〉と〈存在者（Seiendes）〉との区別は（……）フランス語では〈être〉と〈étant〉ということになるが、わたしはそれよりもむしろ口調の関係から〈exister〉と〈existant〉と訳すことにしたい。とはいってもそこにことさら実存主義的な意味をこめてはいない。」（強調は引用者）とあっさり説明している。しかし、ハイデガーにおいてははっきり「存在」つまり〈être〉とは区別して用いられている以上、レヴィナスのこの言い換えがたんに「口調の問題」ですまされるとは思われない。

周知のように〈existence〉の語は、哲学の伝統のなかでは〈essence〉と対比して用いられ、後者が存在者の抽象的・普遍的「本質」を指すのに対し、前者は、このような本質が外へと立ち表れた存在者の具体的・個別的なあり方を指すものとされていた。これをハイデガーは「現存在」〈Dasein〉の存在、つまり存在者がそこで〈da〉みずからの存在を問い、その「問う」という存在様態において存在そのものが開示される可能性をもつ特権的な存在者、いいかえれば「人間」の存在を指すのに宛て、他の事物的存在と区別することを提案した。

このことはまた現存在の「脱自的」性格とも関連している。日常性に頽落した現存在は日常的時間の外にある「本来的瞬間」において実存の「本来性」を獲得する（後のことばで言えば「存在の明るみに立つ」）わけで、この実存の「脱自的」性格がハイデガー哲学の主たる特徴のひとつとなっており、またこの点が「存在への問い」を「世界内」に回収するかたちでサルトルに継承されてゆくわけだが、本書の全体で明らかになるように、レヴィナスはこの「実存の脱自性」という考えを排している（とりわけ本文一七二ページ以下参照）。したがって「存在（être）」と「実存（existence）」とのハイデガー的な区別は、ことさら意味をもたないことになり、〈Sein〉の訳語に〈existence〉を用いても何の不都合もない。レヴィナスが〈existence〉の語に「ことさら実存主義的な意味をこめない」というのは、したがって当時のフランス実存主義のみならずハイデガーをも念頭に置いて、というよりハイデガーとの差異を指摘する意味で言われたものといえる。

そうすると〈existence〉はまったく通常の、そして哲学的にも伝統的な意味で使われているといっていい。つまりそれは何であれ実際に具体的に存在することで（まさしく「存在者の存在」で）、事実レヴィナスはそれを事物の存在についても用いているし、とりわけ〈être〉に対するこの語の特徴である「何ものかが存在すること」の具体性をこめて、生存、生といった意味でももちいている（たとえば〈la lutte pour l'existence〉「生存競争」）。ただ、「何ものかが存在する」のが基本的に意識にとってだとすれば、つまり「世界内」でのことだとすれば、「実存とは意識の実存だ」ということになる。それに対して「存在者」のない「存在」は「ある」〈il y a〉という語で示される。

もうひとつ注意してよいことは、正確に言えば、レヴィナスは〈Sein〉の訳語として〈existence〉を用いるといっているのではなく〈exister〉を用いる、と言っていることだ。ここで明言されてはいないが、レヴィナスは、ハイデガーの「差異」をさらに徹底し、「存在者」と区別される「存在」がいかなる名辞（実詞）によって表現される実体でもなく動詞によってこそ表現される「存在する」という出来事なのだという点を強調している。それはレヴィナスが本書で展開する「実存者の誕生」、「ある」のなかでの「実詞化＝イポスターズ」にとってきわめて重要になる前提である。ところがドイツ語ではまだしも頭大文字という識別で名詞を動詞と区別することができるが、フランス語で〈sein〉に対応する〈être〉は、名詞と動詞（の不定形）とがまったく同じ形で使われる。つまり〈être〉と書いても、それが実体化された「存在」という名の「存在者」なのか（個々の存在なのか）「存在する」という動詞なのかは語形の上では区別されない。ところが〈exister〉なら、〈existence〉という名詞は別にあって、これが動詞であることは誤解の余地なく示されるという利点がある。レヴィナスはのちに、動詞としての〈être〉をラテン語の〈esse〉で、名詞としての〈être〉を〈essence〉で表記しこの区別を明示することを試みているが（『存在するとは別の仕方で、あるいは本質の彼方へ』）、ここではその明示のはたらきを〈exister〉が果たしているわけである。

以上のことから〈exister〉〈existant〉〈existence〉は、日本語ではそれぞれ「存在する」、「存在するもの（存在者）」、「存在」と（あるいは「現存」等々と）訳してもよいわけだが、ハイデガー的なコンテクストをふまえて〈être〉が別に用いられていることもあり、またこのテクストの書かれた時代的な背景（実存主義の興隆）との関連を示す符牒という意味もあって、「生存競争」といったごくわずかな例外を除いては、多少の不都合に目をつぶり、慣例に従ってほぼ自動的に「実存する」、「実存者」、「実存」と訳した。

（3）「瞬間」〈instant〉はラテン語の〈instans〉に由来するが、このラテン語は「……の上にいる（宙吊りになっている）」「間近に迫っている」「迫る」といった意味をもつ動詞〈instare〉の現在分詞が名詞化したもの。またこの動詞は、場所を示す〈in〉と、「立っている」「停止している」「踏み止まる」といった意味をもつ〈stare〉からなっており、フランス語で〈stance〉となるのは、この〈stare〉の行為（ないしその結果）を示す名詞〈stantia〉である。ここで『存在者』の存在に対する密着が瞬間において与えられる」というのは、前注（2）で触れたハイデガーにおける現存在の「脱自」の契機である「瞬間（瞬視）」を暗示している。本書の内容を先取りして言えば、ハイデガーにおいて「本来的実存」成立の「いま（現在）」となるこの「瞬間」そして「現在」を、無名の存在「ある」のさなかでの脱自なき実存者の「誕生」すなわち「イポスターズ＝実詞化」へと組み換えてゆくのがここでのレヴィナスの立論である。そのときレヴィナスはまず「瞬間」が不可分ではなく内的に分節されており、内的な「ずれ」を含んでいることを示す。つまり「瞬間」はそれ自体で存立しているが、持続を断ち切る線のようにではなく、間隔を内に抱えて、いわば足を開いて立っているようなものになる。とすると「瞬間」は停止しているわけだが、その停止の仕方は「イン‐スタンス」つまり「内」に「スタンス」を抱えるという立ち止まり方である。とするとこの「スタンス」はほとんど英語の〈stance〉の語義（立っているときの姿勢、足の構え）に近いと解してよいと思われる。ただフランス語では一般にはそういう使い方はない。

　訳語は「スタンス」とそのまま英語を使いたかったが、それでは「瞬間」が内的に（in）成立しかつ停止しているという重要なニュアンスが犠牲にされてしまうし、文脈上「停止」と関連させられる箇所が多いので不充分ながら仮に「立ち止り」の訳をあてた。さらに合田正人の指摘によれば、この接辞〈in〉には否定の意もあり、そうすると、まさしくレヴィナスの内的な間隔をもつ瞬間は、「立ち止り」の不可能性でもあるということになる。それでレヴィナスの「瞬間」の十全な定義になると思われる（合田正人「出口なき脱出の方位」『ユリイカ』一九八五年八月号参照）。

（4）　トマス・アクィナスを代表とするスコラ哲学者。この前後の箇所はあきらかに、ハイデガーが『存在と時間』の冒頭で、「存在への問い」を忘却させる三つの先入見をあげた一節を念頭に書かれており、中世存在論の「超越者」は、第一の先入見の説明に触れられている。この概念の説明にもなっているのでこの箇所を引用しておく。

「存在」は「最モ普遍的ナ概念」である。すなわち「存在ハスベテノモノノウチデ最モ普遍的デアル」(アリストテレス『形而上学』第三巻第四章)。「存在ノ了解内容ハ、ヒトガ存在者デ捕捉スルスベテノモノノウチデ、ソノツドスデニイッショニ包括サレテイル」(トマス・アクィナス『神学大全』二巻の一、第九四問)。しかし「存在」の「普遍性」は類の普遍性ではない。「存在」は存在者が類と種にしたがって概念的に分節されているかぎりでは、存在者の最高の領界を限定づけはしないのである。すなわち「存在ハ類デハナイ」。「存在」の「普遍性」は類にふさわしいすべての普遍性を「越エ出テイル」。「存在」は中世存在論の名称にしたがえば、ひとつの「超越者」である。事象を含んだ諸最高類概念が多様であるのに対して、こうした超越的な「普遍的なもの」は統一をもっており、この統一をすでにアリストテレスは類比の統一と認めていた。このことを暴露したことによってアリストテレスは、プラトンの存在論的な問題設定にすっかり依存しているにもかかわらず、存在の問題を原則的に新しいひとつの土台の上に置きすえたのである。だが、これらの範疇的な諸関連の暗がりを、もちろんアリストテレスも明るくしたわけではなかった。中世存在論はこの問題を、なかんずくトマス学派とスコートゥス学派とがたどった方向においていろいろ討論したのだが、原理的な明瞭さに達することはなかった。(『存在と時間』序論、一章一節、原佑訳、中央公論社、六七ページ)

ただ、留意したいのは、ハイデガーが「存在は超越者である」という中世存在論の規定を追認しているのに対して、レヴィナスはそれを否定している点である。なお、本文この箇所に続くレヴィナスの記述は、ハイデガーのあげる第二の先入見に対応している。

> 「存在」という概念は定義不可能である。（……）事実、「存在」は存在者として概念的に把握されることはできないのである。「存在ニハイカナル性質モ加エラレナイ」。（……）定義的に、存在を高次の諸概念から導き出したり、低次の諸概念によって叙述したりはできないのである。（……）結論できるのは、「存在」は存在者といったものではないということだけである。（同、六八ページ）

これに加えてハイデガーは、「存在」が自明の概念であるという第三の先入見をあげ、結局、「存在」という概念はもっとも曖昧な概念であり、この問いは問われるべく促されており、要は、繰り返すべき必要のあるこの問題設定を充分に仕上げることだと結論している。

（5）〈hypostase〉、このレヴィナス独得の用語については本文一五七ページ、一七四ページの記述、および「実詞化」訳注（16）を参照されたい。

（6）「存在にともなう悪」、「質料の悪」、「存在することの禍悪」と訳したのはそれぞれ〈mal de l’être〉、〈mal de la matière〉、〈mal d’être〉である。「悪」〈mal〉は「善」〈bien〉と価値概念として対立するが、その対立のしかたは西欧哲学の伝統のなかでは多様な相に広がっている。一般には、ひとを精神的・肉体的に冒し、傷つけ、苦しめ、損なうもの、そしてそれによって生ずる災い、傷み、病気、災厄などがすべて「悪」〈mal〉の語で示される。いいかえれば、人間が思い描き、心に求める完全な状態が「善」だとするなら、それに矛盾するもの、その障害となるものが「悪」である（そのため本書ではときに応じて「禍悪」と訳した）。

ギリシャ以来の観念論哲学の伝統のなかでは、存在するものは形相と質料からなるとされ、善と存在にあずかるのは形相であって、質料は存在するものの限界であり、瑕疵であるとされる。つまりそれが人間の災いの原因をなす「悪」である。「存在の（にともなう）悪」とはしたがって「質料の悪」にほかならない。ところが「実存」を主題化した現代の存在論が示しているのは、「不安」という対象のない意識のなかではじめて「存在」が告知されるということだった。だとすれば「不安」は何ものについての不安でもなく「存在すること」そのものがもたらす不安だということになる。それは「船酔い（mal de mer）」というときのように、「存在すること」それ自体が吐き気を催すいわば「存在酔い（mal d'être）」とでもいうべき事態である。しかしこの表現はたんなる語呂あわせではなく、〈mal〉という語の全幅の意味において受けとられうる。つまり「禍悪」は存在に偶然的に付随するのでも、「存在」の欠如から生じるのでもなく、「存在（すること）」そのものから生じることになる。「存在の悪」が、「存在することの禍悪」へと転じること、それは「善」を「存在」に、悪を「非存在」に結びつけて、人間の本質を、存在の完全性としての善へと向かうものとする観念論哲学の伝統とはまったく異なる観点、いいかえれば、「悪」の、ということは「質料」の根源性を主張する立場を予告している。そしてそれが〈ある〉の孕む哲学史的意義でもある。

(7) ここで「関わり合い」と訳したのは〈engagement〉である。この語はもともと、なにかを質に入れる(保証として預ける)ことを意味し、それによって受ける拘束を含意している。「実存主義」的コンテクストでは、実存が世界に投げ入れられているという被投性を逆転した主体の自由な選択による世界との積極的な関わりを意味する語として用いられ、とりわけ知識人の政治的役割に関して「アンガジュマン」として知られている。それは「世界内」での主体と世界との関係に関する概念だが、レヴィナスはこの同じ語を、「世界」の内に置かれた存在がなお「世界」の外にどうしようもなく絡め取られているという事態、いいかえれば「存在者」が「存在する」という非人称の出来事と取り結ぶ関係について用いている。

実存との関係と瞬間

1　実存との関係

「壊(こわ)れた世界」とか「覆(くつがえ)された世界」という表現は、今やありふれた常套句と化してしまったが、それでもやはりある掛け値なしの感情を言い表してはいる。諸々の出来事が合理的な秩序から乖離(かいり)してしまい、ひとびとの精神が物質のように不透明になって互いに浸透し合えなくなる、そして多様化した論理は相互に不条理をきたし、〈わたし〉はもはや〈きみ〉と結びつきえない、その結果、知性がこれまでおのれの本質的機能としてきたはずのものに対応できなくなる――こうした事態を逐一確認してみると、たしかに、ひとつの世界の黄昏(たそがれ)のなかに、世界の終末という古くからの強迫観念が蘇ってくる。[1]

世界の終末という表現は、それにまつわる神話的な記憶をすべて取り去ってみれば、分析によってその意味を明らかにしうるような、人間の運命の一時機を言い表している。

限界を画する時機、限界であるというそのことによって特権的な教訓を帯びた時機である。というのは、世界に対する私たちの関係の不断の作用が途切れるそのとき、誤ってそう考えられがちなように死や「純粋自我」ではなく、存在という無名の事実が見出されるからである。世界との関係は実存の同義語ではない。実存は世界より先にある。そして世界の終末という状況のなかで、私たちを存在に結びつける第一の関係が立てられるのだ。

ただ、関係という語はここでは適切ではない。関係は複数の項を、したがって複数の実詞を前提としている。それはいくつかの実詞を相互に関連したものとして、しかしまた独立のものとして前提している。〈存在との関係〉がこれに似ているとしてもはるか遠くからである。存在との関係は類比によって〈関係〉といわれる。なぜなら、世界の消滅によって私たちは存在に注意を巡らすようになるのだが、その存在とは一個の人格でも一個の事物でもなければ、諸々の人格と諸々の事物との全体でもないからだ。それは、ひとが存在しているという事実、〈ある〉という事実なのである。存在するひと、あるいは存在するものは、幕が開く前に、ドラマに先立ってなされる決意によって、おのれの実存との交渉に入るわけではない。まさしく、すでに実存しているという事実によってこの実存を引き受けているのだ。とはいっても、いっさいの思考やいっさいの情動、事物や人格に差し向けられ生活上の振る舞いを構成するいっさいの活動の埒外で、実存するという事実のうちに、実存への融即という無類のあらかじめの出来事、誕生という出来事が、やはりたしかに成就されてはいる。瞬間がすべて等価で互いに代償し合う経済的生の視野のなかで、この出来事は不断に起こっているのだ。

不断に繰り返される存在の征服。あたかもデカルト的時間[2]のなかで、おのおのが無から生じる慎ましやかな瞬間瞬間に起こっているかのような。

私たちはなにも、同語反復によって二項となったものをことさら恣意的に実体化することで実存するものを分離し、しかるのちにこの実存者がみずからの実存を捕捉する行為を想定しようというのではない。私たちは反復による言葉の上での二重化に惑わされているわけではない。実存と実存者との二重性というのはもちろん逆説的なことではある――実存するものは、もしそれがすでに実存しているのでなければ何ものも征服することはできないのだから。しかしこの「二重性」が真実だということ、実存者による実存の征服が果たされるのだということは、人間の実存のある時機に、実存の実存者への密着が劈開のようにして現れることによって確かめられる。

光に触れること、目を開く行為、単純な感覚作用のきらめき、それらは見たところ無関係で、問いに対する答えのように分節化してはいない。光は照らし出し、自然に了解される。光とは了解という事実そのものなのだ。ところが、私たちと世界とのこの自然な相関の内部に、ある種の二重化によってひとつの問いが、このきらめきを前にしての驚きというかたちで表明される。プラトンが哲学の発端に置いた驚き(3)は、自然のものと可知的なものを前にしての驚きである。驚くべきものとは、光の可知性そのものである。光は夜に裏打ちされているのだ。驚きは自然よりもさらにいっそう自然な何らかの次元について生じるのではなく、ひとえに可知的なものそれ自体を前にして生じる。可知的なものの異様さは、そういってよければ、それが可知的であるということそれ自体に、いいかえれば何がしかの実存があるというそのことに由来している。存在の問いとは、存在がみずからの異様さを体験することなのだ。つまりこの問いは、存在を引き受けるひとつの仕方なのである。「存在とは何か」という存在をめぐる問いが、けっして答えをもたなかったのはそのためだ。存在には答えがない。この答えが求められるべき方向というものはまったく考えることができない。問いそのものが、存在との関係の発現なのだ。存在は、本質的に馴染みのない異様なもので、私たちに突きあたる。私たちは夜のような息苦しいその抱擁に見舞われるが、存在は答えない。存在とは、存在するという禍いなのだ。哲学が存在をめぐる問いであるなら、哲学はすでにして存在の引き受けである。そして哲学がこの問い以上のものだとすれば、それは哲学が、問いに答えることではなく、この問いを克服することを可能にしてくれるからである。そして存在をめぐる問い以上のものがあるとすれば、それは真理ではなく善である。

だがここで、実存者の実存への密着の具体的形態にたち戻ってみよう。そこにはすでに両者の分離がほの見えている。

人間はたしかに、自分の実存に関してある態度をとることができる。すでに生存競争(4)といわれるものにおいても、この闘いの獲得目標である欲求充足のための諸事物を超えたところに、実存〔生存〕それ自体という、純然たる実存という目標が、ひとつの目標となるという純然たる実存にとっての可能性がある。生存競争と、この観念が生の解釈のうちに確保した特権的な地位のうちには、実存するものとそのものの実存との間の関係に関する伝統的な考えとの断絶がある。十九世紀の生物学の発展によって信頼をえたこの観念が、現代哲学に与えた影響は測り知れない。それ以来、生は実存者と実存との関係の原形となったのだ。それまでは、実存は、存在がみずからの本質からそれを引き出すのでないとすれば、神意によって存在に備わるものとされ、ほとんど気づかれない自然なかたちで存在に帰属していた。だがこの帰属こそが生きる闘いなのだということ、それが新しい根本的な考え方である。

しかし実存のための闘いは、実存者とその実存との関係を、私たちの関心に答えるような深みで把握させてくれるものではない。この闘いは通常、経済の時間のレベルで問題にされるが、そのレベルで捉えると、実存のための闘いは未来のための闘いとして、存在がみずからの持続と保存に対して抱く気遣いとして現れる。つまりそれは、すでに実存する存在が、その実存を延命させるためにする闘いであって、いっさいの保存の技術とは無関係に実存がみずからの実存を摑み取るという、はっきり別の作用として理解された永続的な〈誕生〉ではない。それゆえ、この操作の真相を検証するために、反省から生じる姿勢、つまりすでにできあがっている実存が自分自身をのぞきこむような、実存に対するいっさいの姿勢はわきに置いておかねばならない。「生の意味」をめぐる省察に含まれるような姿勢、ペシミズムあるいはオプティミズム、自殺あるいは生への愛などは、存在が実存へと生まれ出る作用にいかに根深く結びついていようとも、すでにこの誕生の彼方に位置しているのだ。

この誕生という出来事は、反省に先立つ諸現象のうちで捉えなければならない。疲労や怠惰は、道徳的な関心事とはまったく縁のない純粋に哲学的な分析が、かつて一度も取り組もうとしなかったものだが、実はその遂行そのものによって、それぞれ実存に対するひとつの姿勢となっている。疲労も怠惰も、もちろん想念や感情や意欲と同様「意識内容」ではある。しかし、われわれの来歴上のあらゆる出来事にこの純粋形式の資格を与え、内容として並べ、出来事としての劇的な性格を隠蔽してしまうのは、ひとえに反省のなせるわざである。内容としてみても、疲労や怠惰は、それが何を遂行しているのか、というより特にこの場合はそれが何を無力に拒んでいるのかを明らかにしているわけではない。疲労や怠惰の現実性をなしているのは、むしろひとえにこの拒絶なのである。それらを内容として見て取ることとは、それらをまず意識の脈絡のなかで「心理的現実」として位置づけ、二次的に――その心理的実体の属性として――拒絶の意図なり拒絶の想念なりを付与することである。それは、もともと生み出されたときから拒絶の出来事としてあるもの、みずからの実存にほかならない実存を前にしての後ずさりを、理論上の拒絶と解釈することである。

あらゆることがどうでもよくなるが、とりわけ自分のことがどうでもよい、といった倦怠感がある。そのとき気だるさを抱かせるのは、自分の生活のあれこれの一形態——自分の環境が月並みで精彩を欠くとか、まわりの人間が野卑で冷酷だとか——ではなく、その気だるさは実存そのものに向けられている。微笑の本質的な軽やかさのなかでは、実存は無垢なままに起こり、充実しながらも重さを失ったように漂い、無償かつ優美に実存の開花がそのままその消滅となるのだが、そのような軽やかさのなかにわれを忘れるのとは違って、気だるさのなかでの実存は、実存することへの関わり合いや、真摯なもののすべて、解約不能の契約のありったけの厳しさを思い起こさせるものであるかのようだ。何かをしなければならない、事を企て、希求しなければならない。自分の判断をまず中断して行動したり追い求めたりするのを差し控える根っからの懐疑家のような作り笑いを浮かべてみても、契約の責務が、避けようのない「しなければならぬ」としてのしかかってくる。この「しなければならぬ」が、行動し企てる必要性の奥底にある魂のように現前し、その必要性を強調する。にもかかわらず気だるさは、この最終的な責務を無力に拒絶しているのだ。気だるさのなかで私たちは、より美しい天地を懐かしんで実存のあれこれの舞台装置から逃れようとしているのではなく、実存そのものから抜け出したいと思っているのだ。たどるべき道もなければ行き着く先もない逃亡、それはどこかの岸辺にたどりつくための逃亡ではない。ボードレールの真の旅人たちのように、旅立つために旅立つのだ。[5]

しかし、気だるさのなかに、実存者が拒絶のためらいによってみずからの実存をつかみとる運動、したがってそこで実存との特殊な関係――関係としての誕生――が表明されることになる運動を弁別するとしても、この関係を判断とみなしてはならない。気だるさは、存在することとの禍悪に対する判断として、つまり情緒的な陰影や気だるさという「内容」に色づけされた判断として立ち現れるのではない。いっさいの判断以前にありとあらゆるものに倦み果てること、それは王位を捨てるようにして実存を放棄することだ。拒絶は気だるさのなかにある。気だるさはその全存在をあげて実存することとの拒絶を遂行する。気だるさはこの拒絶によってしか存在しない。いわば気だるさとは、経験の次元で視覚だけが光の把握であり、聴覚だけが音の覚知であるのと同じように、実存することの拒絶という現象が遂行される固有の様式なのである。

怠惰とは、無為懶惰の境でもなければ休息でもない。怠惰には、疲労と同じように行為に対するある姿勢が含まれている。といってもそれは、たんなる優柔不断や選択の迷いではない。怠惰は決断の不足から生ずるのではない、というのもそれは一定の目的に関して熟慮し決断するといったものではないからだ。怠惰は意図のあとに位置している。ウィリアム・ジェイムズが有名な例で示したように、怠惰は起き上がらねばならないという明らかな義務と、ベッド・マットに足を置くという行為との間に位置している。[6]とはいえそれは、ある行為が私たちの力量を超えていてそれを実行に移すことが物理的に不可能だということでもないし、またそれが不可能だという意識でもない。というのも怠惰は克服しうるし、克服しうると分かっているからこそ怠惰に対してうしろめたさが生ずるのだから。怠惰はもちろんある意味で努力に対する反発である。が、どういう意味でそうなのか。努力のうちに含まれる不快で苦痛な内容を、怠惰は予感し危惧しているのだろうか。だが怠惰は苦痛への恐れではないし、こうした恐れに類するものでもない。苦痛という総称は、努力にともなう労苦の特性を何ら表現しておらず、したがって怠惰の意味を把握させてくれるものではない。

怠惰は何より、体を動かすとか起き上がるとかの行為の開始に結びついている。「おお、やつらを立たしちゃならぬ、難破するぞ……」とランボーは、根っからの絶望的な怠惰という膿を出す「坐りこんだやつら」[7]のことを言う。怠惰は、あたかも実存がすぐには開始に近づかず、ある無力状態のなかで怠惰をまず先に生きるかのようにして、開始に結びつく。そしてここには、二つの瞬間の間をわずかに流れる持続の間合以上のものがある。もっともそれは、怠惰の無力状態がまた、おのおのの瞬間が瞬間としての功徳によって遂行する開始を告げるものでないとしての話だが。

怠惰とは開始の不可能性である、あるいはそう言いたければ、開始の遂行だと言ってもいい。怠惰はなされつつある行為に内属しているとも言える。というのは、そのときまさに行為の実行は、舗装が悪くそれぞれが開始のやり直しであるようないくつもの瞬間ででこぼこした道を進むように進行しているからだ——いやな仕事は捗らず乗りが悪く、不連続に見えるが、その不連続性がおそらくこの労役の本性なのだ。

演戯もまた始まるが、その始まりには真摯さが欠けている。それはいかにも軽々しい。いつでも好きなときに手を引くことができるからだ。演戯はいくつかの仕種や運動、決断、感情、といったものからなり、それだけの開始の行為を含んでいるが、しかし演戯そのものの現実性は、こうした基盤を超えたところに位置しており、本質的には非現実性によって成り立っている。だからこそ舞台上の現実は——そして、注目すべき点はこれが詩や絵画には当てはまらないということだ――つねに演戯として解釈されてきた。舞台上の現実は、現実でありながら痕跡を残さない。その現実に先立つ無は、そのあとに続く無と同じである。その現実に含まれる出来事には、ほんとうの意味での時間はない。演戯には歴史がないのだ。演戯とは、永らえて所有に帰することのない逆説的な実存なのである。演戯の瞬間はあるが、この瞬間は自分自身に執着しない。この瞬間は自分自身と所有の関係をとり結ばない。それは何も持たないし、自分が消滅したあとにも遺さず、「一切合財」を無のなかに沈めてしまう。そして演戯の瞬間がこれほどみごとに終わりうるのは、じつはそれがほんとうには始まっていなかったからである。転用された寺院にもまだ神は住んでおり、うらぶれた廃屋にもかつての住人たちの亡霊がいるが、がらんどうの劇場にはぞっとするほどに人気(ひとけ)がない。そこでかつて演じたサラ・ベルナールやコックランの気配を感じることはあっても、〔彼らの扮した〕フェードルやシラノ・ド・ベルジュラクは(8)、その絶望や悲嘆の跡のひとかけらもそこに留めてはいない。彼らは淡い雲のように霧消し、互いに混じり合って同じ無の兆しを帯び、それが上演の終わったあとの劇場の本質的な気配をなしている。

行為の開始は「風のように自在」というわけにはいかない。これが飛躍(élan)なら、すぐにも跳べる態勢であっさりそこにある。飛躍はいつでも自由に始まり、真っ直ぐ前に跳んで行く。飛躍には、失うものは何もなく、気遣うことは何もない、というのも何ものも所有していないからだ。あるいはそれは、火が燃えながらみずからの存在を消尽する、そんな燃焼のようなものだと言ってもいい。開始には、こうしたイメージが示唆するような、そして演戯において模倣されているような、自在さや率直さや無償性に似たところはない。始まりの瞬間のなかにはすでに何かしら失うべきものがある。というのは、何ものか——たとえそれがこの瞬間それ自体でしかないとしても——がすでに所有されているからだ。始まりはただたんに〈存在する〉だけではない。それは自分自身への回帰のなかでみずからを所有する。行為の運動は、目的に向かうと同時にみずからの出発点の方へとたわみ、そのことによってこの運動は存在すると同時にみずからを所有するのだ。私たちは、旅の途上にあっていつも荷物や、残る人、待つ人たちを気にしていなければならないかのようである。行為は純粋ではない。行為の存在は、所有されると同時に所有するというひとつの所有に裏打ちされている。行為の開始はすでにひとつの帰属であり、また、この開始が帰属するものとこの開始に帰属するものとに対する気遣いである。それはみずからに帰属しみずからを保持するものとして、それ自体ひとつの実詞となり、ひとつの存在となる。またそのために、行為の開始は本質的に労役なのだ。開始は開始自体への気遣いである。気遣いとはハイデガーの考えるような、無のみぎわに存在するという行為そのものではない。むしろ逆に、それは始まりつつある存在、そしてすでに自分の過度の充実に当惑している存在のゆるぎなさが余儀なくするものなのだ。存在は貧しく裸なのではなく、自分自身を十全に保有してその不易（ふえき）を主張する。存在は、享受の歓びのみなもとであるより前に気遣いの種であるような諸々の富を所有しているのだ。

本気で始めるとは、みずからを不可分に保有しながら始めることである。したがって後戻りができないということである。船に乗り込み、もやい綱を切ることである。そうなったらとことん冒険を続けなければならない。ほんとうに始まってしまったものを中断するのは、事を失敗に終わらせることではあっても、始まりそのものを廃棄することではない。失敗も冒険の一部なのだ。中断されたものは、演戯のように無のなかに消えてしまいはしない。つまり、行為は存在への登録なのだということである。そして行為を前にしての後ずさりとしての怠惰は、実存を前にしてのためらい、無精で実存したがらないということなのだ。

しかし行為に対する拒否ないし開始の不可能性としての怠惰は、ひとつの状態として無活動そのものに帰着しはしないだろうか。ベッドにぐったりし、何をするのも拒むとき、私たちは怠惰を、自分の殻に閉じ籠もるという幸福のなかにあるひとつの肯定的な出来事として実現しているのではないだろうか。怠惰とは抗しがたい朝寝坊の魅惑なのではないだろうか。

この状態が眠りやまどろみでないとすれば――眠りの存在論的な意味については後に触れるとして――、怠惰は安らぎではない。「海辺の墓地」の「いざ、生きめやも」という言葉[9]が、この状態を一抹の不安のように過(よぎ)っており、そのことによって、もっとも甘美な怠惰のさなかにも実存や行為に対する関係が現れる。怠惰はひとを押しひしぎ、無為は重くのしかかり、いやな思いをさせる。享楽や娯楽や気晴らしを好む者は、労働を厭(いと)うようにまた怠惰をも厭うものだ。

実存するという事実には、実存者を実存に結びつけるある関係が含まれている。実存するという事実は二重性であり、実存には本質的に単純さが欠けている。自我はひとつの自己を所有しており、そこにみずからを反映させるだけでなく、それと伴侶あるいはパートナーのように関わっている。内密性といわれる関係だ。自我はけっして単純無垢に独りなのでもなければ、単純無垢に貧しいのでもない。「天上の王国」の門は自我にはすでに閉じられている。実存は影を投げかけ、その影に倦むことなく付きまとわれている。実存は、自分のイメージと合体する無垢なナルシスのように影におのれの姿を映しているのではなく、影によっておのれの無垢の挫折を悟るのだ。ロシア民話にでてくる「イワンのばか」――純朴なイワン――は、影を厄介払いしようとして、畑の父親に持ってゆくように言われた昼食を餌にくれてやるが、こうして無一物になったイワンを、それでも影は譲渡しえない最後の所有物のようにして離そうとしない[10]。

実存は、自分の実存の旅をもつれさせる重み――それが自分自身にほかならないとしても――を引き摺っている。自分自身を背負った――オノレノスベテヲソノ身ニ背負イ――実存には、古代の賢人[11]のような澄んだ落ち着きはない。それは純然と実存しているわけではない。純粋で廉直(れんちょく)でもありうるだろうその実存の運動は、たわみ、それ自身のうちでぬかるみにはまり、〈存在する〉という動詞のうちにその再帰動詞としての性格を露呈させる。すなわち、「ひとは存在する」のではなく、「ひとはみずからを存在する」のだ。

怠惰が怠惰であるのは、この実存の引き受けに関してである。怠け者が行為の労苦を惜しむとしても、その労苦は何らかの苦痛という心理的内容ではなく、そこにあるのは引き受けること、所有すること、かかずらうことの拒否なのだ。怠惰が、何に対して無力な歓びのない嫌悪であるかといえば、それはこの重荷としての実存なのだ。怠惰は生きることへの恐れであり、にもかかわらずそれもまた生きることなのだが、この怠惰の生にあっては、不慣れなことや冒険や見知らぬ者たちへの恐れが、実存を引き受けることに対する嫌悪の吐き気を惹き起こす。ロシアの小説家の名高い作品、実存に対する根源的かつ悲劇的な怠惰の物語における、オブローモフの怠惰とはそのようなものだ。ゴンチャロフは小説の冒頭のページから長々と寝そべる主人公を登場させるが、この実存的無為懶惰は作品の圧倒的イメージとなっている(12)。

実存の行使そのもののなかで実存を嫌悪する疲労を捉えるもの、疲労がもみ合いながら無力に拒もうとするもの、それを怠惰はもみ合いを拒みながら拒もうとする。怠惰は、実存という、ランボーの言う「みんなで演じる茶番劇(13)」を、自分なしで演じてくれと放り出す。しかし、このように輪をかけた否定でありながら、それでもやはり怠惰は存在の遂行である。つまり、怠惰に本質的な苦い思いは務めの放棄からじわじわと立ち昇ってくるが、そのことがすでに契約のあることを証している。そしてここでもまた実存は、実存との関係として現れる。

しかし怠惰において本質的なのは、行為の開始以前にあるというその位置、ある意味では、未来へと向かうその方向づけである。怠惰は行動の差し控えを付した未来についての思案ではない。それは具体的で十全な未来の差し控えである。とはいえ、怠惰があらわにする存在の悲劇はそのためにますます深くなるばかりだ。怠惰は未来に疲れることだ。開始は、再生の機会として、新鮮で悦ばしい瞬間として、新たな時機として、怠惰に働きかけるのではない。怠惰は、疲労の現在であるかのように、開始を先がけて遂行しているのだ。怠惰はおそらく、単独の主体には未来も無垢の瞬間も不可能だということを告げている。

2　疲労と瞬間

「しなければならない」の根底に「存在しなければならない」を見てとったとき、そして行為の開始が、みずからを在ること（être）と持つこと（avoir）とに二重化し、かつみずからの所有の重みに押し潰されるという、実存の基本的構造を含みもつものと思われたとき、私たちには存在と行為との結びつきが明らかになったが、これを詳述するために、疲労の分析をさらに進めてみなければならない。

疲労は、軽率にも肉体的疲労と呼ばれるものでさえ、というよりとりわけその肉体的疲労は、まず硬直や麻痺〔凝りとだるさ〕として、萎縮の一様態としてあらわれる。心理学者や生理学者にとって疲労は、筋肉の疲弊であったり中毒であったりということになるが、哲学者はまったく別の観点からこれに注意を向けなければならない。哲学者の務めは、疲労の瞬間に身を置き、それを出来事として明るみに出すことである。といっても何らかの参照体系に照らして疲労の意味を明らかにするのではなく、この瞬間が遂行している密かな出来事を明らかにするということだ。瞬間はこの出来事の遂行なのであって、たんなるその帰結ではない。それに、まだ問われたことのない次元に広がる弁証法を求めながら瞬間をつぶさに探ること、それが私たちの採用する方法の基本的原則であり、この原則は私たちの施す応用をとおして、この研究全体によって必要な解明を与えられることになるだろう。

疲労にともなう無気力はきわめて特徴的である。この状態は、ものに従事できなくなること、あたかも手が摑んでいるものを徐々に放してしまい、なお摑んでいるその瞬間に放しているように、存在が自分の執着しているものと不断にますますくい違ってゆくことである。疲労はこの弛緩の原因であるという以上に、この弛緩そのものなのだ。疲労がただたんに、疲れながら持ち上げている重荷を放してしまう手のうちにあるだけでなく、放すものになお執着する手のうちに宿るものだとすれば——この手がその重荷を放棄してしまい、引き攣れだけがそこに残るときでさえ——、疲労とはこの弛緩のことなのだ。たしかに、疲労は努力や労働のうちにしかない。もちろん倦み疲れることの甘美なものの憂さというものはあるが、このもの憂さはすでに眠りであり、そこでは行為がみずからの疲労そのもののうちで起こっている。じじつ、私たちはあとで、ここに疲労の基本的性格として取り上げた存在の自分自身とのくい違いが、意識の、すなわち眠りと無意識によって存在を「中断する」能力の、出来にほかならないことを明らかにするつもりだ。

この重荷を持ち上げるとき、私たちは何に執着しているのか。もちろん持ち上げるというこの操作の目標である。この操作は私たちの日中の関心事の総体のなかで系統的な位置を占めている。そして私たちは、この操作に執着しているとしても自由だ。もし鞄が重すぎればそれを置くこともできるし、自分より力のあるポーターを呼ぶこともできる。企てをすべて放棄してしまうことも思いのままだ。努力のうちに拘束や隷属があるとしても、達成すべき目標は私たちの意志に課されているのだから、この拘束は努力にとって外的なものでしかないように思われる。

しかしながら努力の瞬間はそれ以上のことを含んでいる。それは別の意味で直接的なしかたで私たちの自由を危ぶめる隷属を際立たせている。創造の〈言葉〉は、創造行為において、ことばであるというまさにそのことによって至高の保証である。ことばは、それを発する者から離脱し飛翔する。真の〈神〉たる〈神〉は、みずから被造物を造ることはせず、デミウルゴスのように自分の手を下すことはしなかった。〈神〉の作用は魔術的だ。それに対して人間の労働と努力は、ある関わり合いと拘束の状態を前提としており、人間たちはすでにその状態に捉えられている。私たちは牛馬が犂に繋がれるように、なすべき務めに繋がれている。その務めに委ねられている。自分の務めの上に身を屈めて労苦する人間の本性のうちには、遺棄が、見捨てられた者の境涯がある。まったく自由になされるとしても、努力の裏にはある種の断罪がある。努力は、疲労であり労苦だ。労苦は努力の随伴現象のようにしてそこに際立つのではない。ある意味で努力が湧き立つのは疲労からであり、そして努力は疲労の上に崩れ落ちるのだ。

努力は疲労から湧き立ち、疲労の上に崩れ落ちる。努力の緊張と呼ばれるものは、飛躍と疲労のこの二重性からなっている。力が何かを創造する時機はもちろん、危険を冒し疲労をものともせずに遂行される。しかし努力としてのこの無カラノ創造は、創造のその瞬間において、疲労のもたらす絶望と「すべてを投げ出せ」に打ち勝たなければならない。この二重性を、物理学の用語で対立する二方向のベクトルと言い換えてみても、努力という具体的な事実と、努力の内的な弁証法の叙述に代えることはできない。この弁証法においては、創造の時機はいわば危険を冒して所有の彼方に進むのだが、疲労は飛躍を遅らせることで、この所有の限界と負担を印しているのだ。これもまた、この物理的諸力の作用の、意識によるたんなる登録として記述してはならないものだ。努力は認識ではない。出来事なのだ。自分自身と現在とに先立って、現在を先取りして燃焼させる飛躍という脱自のなかにあって、疲労は自己と現在とに対する遅延を刻印している。飛躍が彼方におかれるその時機は、飛躍がその手前にあるということによって条件づけられている。飛躍のダイナミスムと呼ばれるものは、同時にこの二つの時機からなっており、疲労の現象に目を留めようとしない古典的な分析の考えるように、未来の先取りからなっているのではない。努力とは、現在に遅れている現在の努力なのである。

しかし疲労は、何への断罪なのだろうか。努力の目標は自由に選ばれる。私たちはその目標に捧げられているわけではない。物質の抵抗が努力の理由であって、ここに言われる断罪とは、おのれの野望に手が届かず世界に対してひ弱にすぎる有限な存在の絶望にほかならない、ということだろうか。しかし努力は勝利することもありうる、ということはつまり、目標とする現実に見合っていることもある。ただ、とりわけ物質との闘いというイメージのなかで想定される行為の概念は、哲学者たちがまったく勝手にしつらえた概念である。それは演繹(えんえき)されたものではない、つまり存在の経済におけるこの概念の位置は哲学的に標定されてはいない。だから、その概念を導入し、同じように曖昧な物質とか物質の抵抗とかいった概念を結びつけても、努力とか疲労とかいった具体的な人間的事象を理解することはできない。むしろ逆に、努力の瞬間やその内的な弁証法から出発してはじめて、おそらく私たちは能動性の概念と人間の実存におけるその役割を把握することができるのだ。

努力がうちに帯びている断罪の意味、努力をやむない務めへと繋ぎとめる根拠は、努力と瞬間の関係が見出されるときに明らかになるだろう。魔術は持続には縁がない。それは一夜で築かれる城、魔法の杖の一振りで出現する黄金の馬車だ。杖は魔術師にとってなくてはならない付属物だ。杖がうなる。その一振りはまた、魔術師がおのれの業に従事する時間の限界でもある。魔術師は業がほんとうに果たされる瞬間には関わり合っていない。彼は離れたところからその業をたどっている。人間の労働と努力はそれとは反対に、次第にできあがる業を一歩一歩たどるその仕方なのだ。

あるメロディーを聴くとき、私たちはやはりその持続を全体的にたどっている。錯綜した音楽現象を分析する気にならなくとも、メロディーの瞬間瞬間は、メロディーのなかで本質的につながっている持続にその生命を捧げているゆえにこそ実存している、と言うことはできる。メロディーが音楽的に生きられるかぎり、またそれが生徒の演奏を聴く教師の及ぼす統制でないかぎり、つまり労働と努力でないかぎり、メロディーのなかに瞬間はない。メロディーは、ベルクソンが純粋持続の下敷きとした完全なモデルである。音楽の持続を要素に部分化することはできるし、その要素を数えることもできるということは異論の立てようもないだろう。しかし瞬間のひとつひとつはそこではものの数ではない。メロディーの瞬間瞬間は死ぬためにのみそこにある。調子外れの音は死ぬのを拒んでいる音だ。現在は、それを捕捉しえないと言明する反省にとってのみ、そこで消えずにいる。現在は、それがメロディーのなかに生み出される仕方そのものによって、漸次(ぜんじ)の消滅なのである。それは無効性で汚れている。音楽は、現実の存在物があるようにあるのではない。リズムと持続がある以上、音楽そのものの現実でないような再現はないからだ。音楽はすぐれて演じられるものである。メロディーには心的イメージはない。メロディーを再現するとは心のなかでそれを再演することだ。そして純粋な演戯に不向きだということが、おそらく義務のようにしてコンサートに通う大人たちの救いようのない退屈の主たる原因なのである。持続のなかでは、瞬間が自己を所有せず、立ち止らず、現在とならない。そしてこの持続が、音楽を演戯に近付けている。

努力は演戯を排除する。もちろん純粋なスポーツのための努力もありうる。しかしその際、演戯はある意味では努力を超えて演じられている。そしてそこでは、私たちは努力とその目的との乖離を生きており、努力の利害なしの無償の性格を享受することができる。努力はより広い心理体系のうちに置かれ、ひとつの歴史に、時間の一地平に結びつけられる。努力は、たとえスポーツの努力でも、その瞬間のなかではあらゆる演戯の中断であり、真面目な企てであり、疲労である。労働による自由や歓びといったテーマを活用するあらゆる労働の神秘主義が位置するのもまた、この厳密な意味での努力を超えたところ――努力に対する反省的姿勢のうちにある努力――である。歓びはけっして労働そのもののうちにあるのではない。務めや義務を達成した幸福感、犠牲や困難のヒロイズムなどは、これとは違った配慮に糧をえている。

　努力の持続はすべて、多くの停止からなりたっている。努力が成就しつつある業を一歩一歩たどってゆくというのはその意味である。持続のなかで努力は、時間の糸を引きちぎりまた結びして瞬間を担いとる。努力は自分が担うべき瞬間に後れており、したがって、すでに現在から解放されたメロディーのなかにいるのとは違う。努力はそのメロディーに煽られ陶然として現在を生きるだけだ。それと同時に、努力はすでに現在のうちに拘束されており、未来の瞬間へと身を傾けた飛躍とも違っている。努力は不可避の現在としての瞬間と格闘しており、そこに永久に関わり合っている。実存の無名の流れのただなかに停止と定位とがある。努力とは瞬間の成就そのものなのである。

　そこから私たちは、能動性を人間の実存のなかに位置づけることができる。私たちは、物質ないし世界と闘う人間ないし精神という古典的テーマから出発して、行為や努力の概念に到りつくのではない。このテーマはすでに行為や努力の概念を内包している。現在という源初的出来事から、存在論的冒険の諸契機として、行為の概念も、抵抗の概念も、物質の概念も生まれるのである。行動するとは、現在を引き受けることだ。そう言ったからといって、現在が現勢的なものだということを繰り返すことにはならない。現在とは、実存の無名のざわめきのなかでこの実存と格闘し、それと結ばれ、それを引き受ける、ひとつの主体の出現だということである。行為とはこの引き受けのことなのだ。そのために行為は本質的に従属であり隷従であるが、また一方、実存者、つまり存在するだれかの最初の表明あるいは形成でもあるのだ。なぜなら、現在における疲労の遅延が、関係の分節される距離を与えるからだ。つまり現在は、現在を担いとることによって構成されるということだ。

努力はそれゆえ、瞬間を不可避の現在として引き受けるからこそ断罪なのである。努力はあの永遠に向かって開かれているが、その永遠から身を解き放つことの不可能性が努力なのだ。努力は瞬間をくまなく引き受け、瞬間のなかで永遠の真摯さに突き当たるから断罪なのである。そこから、「地を耕す骸骨」をめぐるボードレールの深い省察が生まれる。彼の目には実存は、とりかえしのつかないほど永遠であると同時に、ひたすら労苦に捧げられたものとして映る。「なさけなや！　われらもきっと、どこかの知らない国へ行って荒れた大地を掘り起こし、血まみれの裸足を踏んばって、重い鋤を押さねばならぬ。(14)」努力はしたがって、ただたんに主人が奴隷に隷従の刻印を負わせようとするときに好んで用いる形式ではない。あたうかぎり自由に同意された労働のうちにも、もっとも自発的な努力のうちにも、いかなる力をもってしても贖（あがな）いえない取り消し不能の関わり合いという出来事がある。努力が隷従につきものとなるのは、努力に労苦がともなっているからではない。努力が労苦をともなうのは、努力の瞬間のうちに従属という出来事があるからだ。古代に労働が呪詛（じゅそ）されたのは、身を養うために働くという必要性が疎（うと）まれたからだけではない。この呪詛は努力の瞬間のなかにそのまま見出されるものなのだ。したがって、努力の意味や、努力が表示する自由あるいは隷属の徴候は、働く人間と、彼が思う通りにこねる材料との関係や、彼に働くことを強いる主人との関係のうちに求めるべきものではない。なによりまず、努力が果たされているその瞬間、そして今ではこう言うことができるが、努力が果たされ疲労がすでに兆しているその瞬間に思いを凝らすべきなのだ。努力の労苦のなかで、疲労はまるごとこの現在への断罪から生まれるのだ。

　しかし、疲労が存在への断罪だとしても、それはまた硬直であり、涸渇であり、生き生きした源泉との断絶である。手は、持ち上げている重みを放しはしないが、自分自身へとうち棄てられているようで、頼るものは自分しかない。自家発生の遺棄状態。それは、世界から取り残されもはやその歩みにつき従うことのできない者の孤独ではなく、言ってみれば、もはや自己に従わず、自己から切り離されて――〈自我（moi）〉が自己（soi）から脱臼を起こして――瞬間のなかで自己に重なることができないままなお永遠に瞬間に絡めとられている、そんな一存在の孤独なのだ。

疲れるとは、存在するのに疲れることだ。どんな解釈をも差しおいて、疲労の具体的な十全性によってそうなのだ。疲労の単純さ、その単一性、その暗さにおいて、疲労は実存者によって実存することにもたらされる遅延のようなものである。そしてこの遅延が現在を構成する。実存のなかのこの距たりのおかげで、実存は一個の実存者と実存そのものとの関係となる。実存のなかでの一実存者の浮上なのだ。逆に言えば、自分自身に遅れている現在という、それ自体ほとんど矛盾したこの契機は、疲労以外のものではありえないだろう。疲労は現在にともなっているのではなく、疲労が現在を仕上げる。この遅延が疲労なのだ。ここで、瞬間における実存の引き受けは直接に感知しうるものとなる。もちろん、疲労は存在への予約取り消しではない。疲労に含まれる遅延はそれでも実存への登録なのだが、まさしくこの登録の特性が、いわばそのためらいが、登録を、つまり担われた実存がつねにすでに包摂している引き受けという操作を、あばき出すことを可能にするのだ。

現在がこのように現在を担い取ることによって構成されるなら、疲労の〈ずれ〉が現在という出来事の挿入される距たりを創り出すのなら、そしてまたこの出来事が、ひとりの〈実存者〉の出現に等しいものであり、この実存者にとって〈存在する〉とは〈存在を引き受ける〉ことを意味するのなら、実存者の実存とは本質的に行為である。実存者はたとえ無活動のときでさえも、行為のうちにある、つまり現勢態でなければならない。この無活動の活動というのは逆説ではない。それは土の上に身を置くという行為そのものであり、休息である。休息が純粋な否定ではなく、維持のための緊張そのものであり、〈ここ〉の成就であるとするならば、だ。休息という基本的な活動、基礎、条件は、したがって存在との関係そのものとして、実存における実存者の出現として、〈イポスターズ＝実詞化〉として表れる。この著作は、挙げてこの基本的状況の諸帰結を解明することに宛てられている。

しかし行為の能動的契機、行為を現実性として構成するものが、現在の引き受け以外の何ものでもないとすれば、世界の諸事物に向けられた労働は、この引き受け以上のものを含んでいるように思われる。行為が成就する引き受けは、世界の内で新たな運命に出会う。行為の存在論的機能に対して、行為が世界の内で担う機能はどういう意味をもつのだろうか。実存のなかに実存者が実詞化して立つ存在論的冒険のなかで、世界とは何なのだろうか。

訳注

(1) この本が一九四七年、つまり第二次大戦終結の翌々年に出版されたことを想起しておこう。大戦は終わり「平和」は回復されたが、ナチスによるユダヤ人強制収容所の実態が明らかになり、対独協力の問題をめぐって人心は曇り、世界はすでに巨大な対立の様相を孕み、何より大戦を終結させ「平和」をもたらした当の原子爆弾の存在が、この平和をすでに凍てつかせていた。いいかえれば「戦争の終末」によって世界は、より大きな終末を抱えこんでしまったのである。この状況はたとえば「神が死んだあとに、今や人間の死が予告されている」と書いたサルトルの『大戦の終末』に描き出されている。なお、「ひとつの世界の黄昏のなかに」とあるが、「西欧」〈Occident〉という語自体が日没を意味している。

(2) デカルトにおいては、時間の瞬間は相互に独立しており、瞬間はそのつどの創造であると考えられている。「(……)私の生涯の全時間は、そのいずれの個々の部分も余の部分にまったく依繋しない無数の部分に分かたれうるゆえに、私が少し前に存したということから私が今存しなくてはならぬということは、この瞬間にある原因がいわばもう一度私を創造する（……）のでないかぎりは帰結しないからである」（『省察』三、三木清訳、岩波文庫七三ページ）。スコラ哲学から引きつがれマルブランシュに継承されるこの考えは、神の「継続的創造」の観念と結びついている（本文一六〇―一六一ページおよび「実詞化」訳注（10）参照）。

（3）『テアイテトス』のなかでプラトンは、ソクラテスの口から次のように語らせている。「（……）なぜなら、実にその驚異の情こそ智を愛し求める者の情なのだからね。つまり求智（哲学）の始めはこれよりほかにないのだ」（田中美知太郎訳、岩波文庫五〇ページ）。また、「可知的なものを前にしての驚き」、イデアの世界にあったものと似ているものを目にするときの驚きと忘我については、『パイドロス』に語られている（岩波文庫版六七―六八ページ参照）。

（4）生物はすべて指数関数的に個体数を増加させる能力をもつが、生存に必要な資源は有限で、個体数はつねに何らかのかたちで制限を受けており、そのため生物の個体や種は生存のための競争（闘争）を強いられている、というダーウィンの考え。この競争は必然的に、生存環境を共有する同種の個体間、および変種間でもっとも顕著に現れることになる。環境に適応した有利な条件をもつ個体や種が生き延びるという「自然選択説」と共に、ダーウィン進化論の基本原理とされている。

レヴィナスがここに読みとっているのは、生存に必要な資材を獲得する競争は生存そのものを確保する要請に裏うちされており、この考えのなかでは、生存つまり実存が獲得されるべきものだということが前提となっている、という点である。ちなみに「生存競争（闘争）」はフランス語では〈la lutte pour la vie〉と表現されるが、原語の英語では〈struggle for existence〉となっており、レヴィナスは次のパラグラフの冒頭で「実存のための闘い〈la lutte pour l'existence〉」と言いかえている。

（5）シャルル・ボードレール（一八二一—六七）『悪の華』一八六一年版（再版）末尾に収められた「旅」の一節。

だが本当の旅人とは、ただ出発のために出発する
人々だけだ。心は軽く気球にも似て
その宿命の手から離れることはついになく
なぜとも知らずに、いつも言うのだ、行こう！　と

（安藤元雄訳『悪の華』集英社による）

（6）ウィリアム・ジェイムズ（一八四二—一九一〇）は、『心理学』（Psychology, briefer course, 1892）の「意志」を論じた最後の章の、観念運動（イデオモーター）を説明する条りで、身体の運動が基本的には運動の観念だけで起こりうる（会話中でも、服の塵が目につけば話を中断せずに払いおとすといった、感覚的認知がただちに動作をひきおこす例に見られるように、運動の観念とその実現との間に中断がない）場合と区別して、次のような例をあげている。

われわれは寒い朝寝床から火のない室に起きて出るとどんなであるか、またいかに、われわれの内なる生活原理が起きよとの命令に反対するかを知っている。おそらく多くの人は、いつかの朝決心を敢行することができなくて一時間も寝ていたことがあるであろう。遅くなることも考え、その日の仕事に差し支えることも考える。「起きなければならぬ、これは恥かしいことだ」とも思う。しかるに温かい寝床は心地がよすぎて外の寒さは酷すぎる。そして抵抗を打破って決行せんとする瀬戸際までいっては、繰り返し繰り返し決心が消えては延期する。さて、かくの如き場合どうして遂に起きるのであろうか。私自身の経験から概括すれば、たいてい煩悶や決心の結果起きるのではない。突然起きてしまっているのである。幸いに意識の脱失が起こる。温さをも寒さをも忘れてしまう。日常生活に関連のある何かの想像に陥り、その間に「さあ、もう寝てはおられぬ」との観念が閃く。その観念は折よくも、なんら反対や麻痺的な暗示を喚起しないので、これがために直ちにその本来の運動結果を生ずる。われわれの動作を麻痺せしめ起床の観念を単なる願望の状態において意志の状態におかなかったのは、温かさと寒さとの鋭い観念であったのである。（岩波文庫版二三三―二三四ページによる。傍点強調は引用者）

「寒さ」という禁止がある場合イデオモーターは働かないが、それが解除されるとただちに動作が起こる。しかし、禁止が続く場合にも「起きよ」という命令が強いと「努力」の印象をともなって動作が起こる。ジェイムズはこの例を「意志の心理学全体の与件のひな形」であるとして他所でも繰り返しとり上げている。

（7）アルチュール・ランボー（一八五四—九一）、詩篇「坐りこんだやつら」。

（8）サラ・ベルナール（一八四四—一九二三）はフランスの高名な悲劇女優。コメディー・フランセーズ、ブールヴァールで名を馳せ、後に「サラ・ベルナール劇場」を開設した。『フェードル』や『椿姫』は彼女のあたり役だった。

コンスタン・コックラン（一八四一—一九〇九）、フランスの喜劇俳優。一八六〇年以来コメディー・フランセーズに入り、ボーマルシェのフィガロやモリエールの下僕役で有名になったが、とりわけエドモン・ロスタン『シラノ・ド・ベルジュラク』のシラノ役で不滅の名声を得た。

（9）ポール・ヴァレリー（一八七一—一九四五）『魅惑』（一九二二）に収められたもっとも高名な詩篇。

（10）「イワンのばか」はフランス語では〈Petit-Jean le bête〉。同題のトルストイの創作のもとになった民話。アファナーシエフの民話集によると、イワンが弁当をもってゆくのはレヴィナスの言うように父親のもとではなく、野原で羊を飼う二人の兄のもとになっている。異本があるのかもしれない。話の結末は次の通り。イワンはしつこいこの影法師に腹を立てて、もっていた壺まで投げつけてしまう。そして兄たちのところに着いて弁当を催促されて言うには、「それがね、途中で見たこともない妙な奴に取っつかれて、そいつにみんな食べられてしまったんだよ」「どんな男だい？」「こいつだよ、そうら、わしといっしょに並んで立っている」（『ロシア民話集・V』中村白葉訳、現代思潮社）。

（11）一般に「賢人」というと、古代イスラエルの最盛期を作ったソロモン王を指す。

（12）イワン＝アレクサンドロヴィチ・ゴンチャロフ（一八一二―九一）の小説『オブローモフ』。貴族の生活に絶望しながらも新しい生活を築くことのできない純真で無気力な青年の生涯を描いた長編小説。この小説はドブロリューボフの評論『オブローモフ気質とは何か』によって詳細に検討され、以後オブローモフの名は「余計者」の一典型として、無為懶惰な徒食者を意味する代名詞となった。小説は、ベッドで毛布にくるまり、召使いに促されても客の訪問を受けてもいっかな起きようとせず、惰眠を貪り続ける主人公の描写から始まる。

（13）アルチュール・ランボー『地獄の一季節』、「悪い血」より。

（14）『悪の華』に収められた「地を耕す骸骨」。二連からなるこの詩は人体解剖図を前にしての冥想をうたっている。いかにも「レヴィナス的」といいうる後半部分を引用する。

君らが掘り返すその土地から、
諦めきった、縁起でもない百姓たちよ、
力の限り、その脊椎やら、
むき出しの筋肉やらを動かして、

言ってくれ、どんな奇態な収穫を、
墓から引き出された徒刑囚たちよ、
あげる気なのか、また、どこの徴税人の
納屋を満たさねばならないのか？
それとも君らは（あまりに苛酷な宿命の
身の毛もよだつ露骨な紋章として！）
示そうというのか、墓穴のなかでさえ
約束の眠りがあてにならないことを。
われらに対して「虚無」は裏切者で、
すべてが、「死」までが、われらを騙し、
その結果、未来永劫
なさけなや！　われらもきっと、
どこかの知らない国へ行って
荒れた大地を掘り起し
血まみれの裸足を踏んばって
重い鋤を押さねばならぬということを？

（安藤元雄訳）

世界

1 志向

努力によって瞬間を引き受けることは、自我と世界との関係をうちたてることとは違う。もっとも著しい相違は、世界の内では私たちは対象としての事物に関わっているという点に要約される。瞬間を引き受けることによって、私たちは実存するという取り返しのつかない事態へ、いかなる実詞ともいかなる事物とも関係づけられないある純粋な出来事へと踏み込むのに対し、世界の内では、存在するという行動つまり動詞としての存在の有為転変に、形容詞をまとった実詞たち、さまざまな価値を賦与され、私たちの志向に差しだされた存在たちがとって代わる。世界内に存在するとは、諸々の事物に結ばれてあることだ。「私は外的世界が実在するとみなす類の人間だ」というテオフィル・ゴーチエの言葉(1)は、世界内の存在を構成する諸事物に向けられた陽気な意欲をいかんなく表現している。

志向という概念は、この関係をきわめて正確に言い表している。この概念は、中世哲学やフッサール哲学のなかにも現れるが、そこでは意味が中性化され現実味を失っている。だがこれは、欲望を活性化する刺激を含意したこの語の通常の意味において受けとらなければならない(2)。志向とは、欲望であって気遣いなどではない――直接的な現下のものへの気遣いというのでないならば。

実存することへの気遣い――この存在論へと伸びてゆくもの――は志向のうちにはない。欲望を抱いているとき、私は存在することなど気に懸けず、ただ欲望をそそるもの、私の欲望をすっかり鎮めてくれるはずのものに夢中になっている。私ははなはだ真剣なのだ。欲望をそそるものが欲望をそそるものとしてあるかぎり、その背後には、欲望をそそるものと実存の冒険との結びつきを裸の実存のなかで示すような、事後的な指標の影はいささかも現れてはこない。もちろん私たちは食べるために生きているわけではないが、生きるために食べると言うのも正確ではない。私たちは腹が空くから食べるのだ。欲望には思考にまがうような底意はない。欲望は含むところのない素直な意欲であり、その余はすべて生物学だ。欲望をそそるものが欲望の果てるところ、目的であり終点なのだ。

もちろん無意識的には、欲望はその対象以上のものを想定しているし、欲望をそそるものを超えて先に進むこともある。そしてまたもちろん、私たちの対象がある以上、私たちはいつも暗黙のうちでは、「存在」という語の意味を〈存在する〉という裸の状態のままで了解してきた。しかしながら、それがみな無意識的で暗黙のうちでのことだという事態は正当に評価されてきただろうか。「無意識の発見」——そしてこの表現のうちにある矛盾が、この出来事による知的動揺のいかばかりかを物語っているのだが——以来、哲学は無意識をもうひとつの意識として考え、無意識の存在論的機能を見誤り、無意識と意識の輝きとの、つまり無意識の暗さや深みや曖昧さから離脱した〈真摯さ〉との特異な関係を見誤ってきた。無意識が意識の、あるいは意識が無意識の用語で解釈される。無意識は可能的なもの、ないしは萌芽、抑圧されたものだと思われている。だが実際には「暗黙の認識」ということが言われるとき、そこに籠められているものはもはや認識の構造を呈するたぐいのものではない。つまり、世界の本質的出来事である志向や、光は、そこではもはや何の意味ももたないのだ。意識とはまさしくひとつの〈真摯さ〉である。世界内存在を志向として措定することで、何より積極的に表明されているのは、——私たちの文明と哲学の歴史を見ればわかるように——、世界が意識の領野であるということ、そしていずれにせよ意識の特徴となっている特殊な構造が、世界内への無意識の浸透をことごとく統御し、それに意味を与えているということである。だが無意識は、その本来の役割を世界に「先だって」演じている。

西欧の哲学と文明は、ついぞ「数と存在」から脱却することなく、世俗の世界によって規定されたままである。愛そのものは、欲望をそそるものの誘引力として考えられ、そこでは「若い男」や「美しい娘」は口実でしかない。アリストテレスの『形而上学』第十巻の「オレクトン〔欲求されるもの・欲求対象〕」とは、愛されはしてもけっして愛することはない、不動の、終局の、至上存在である。[3]〈善〉の問題は目的の問題として立てられる。

「存在‐価値」の対は、事実いささかも相対立するものではない。事物の現実性はまさしくその合目的性からなっている。志向の目的としての事物は、行き着く先であり、限界であり、終局である。価値として、欲望の目的として、対象は一個の存在であり、運動の果てるところであり、無感動の、つまり即自の穏やかな安らぎの始まるところである。この対象はその〈即自〉をある運動からとらえており、ひとはこの運動の概念を対象に対置するが、実はこの運動がみずからの一義的な真摯さによってこの対象を確かなものとし、それに意味を与えているのだ。〈実存する〉ということは、西欧のあらゆる観念論において、ある内部から外部へと向かうこの志向的な運動に結びついている。存在とは、思考され、見られ、働きかけられ、望まれ、感じられるもの、つまり対象なのである。したがって、世界内の実存はつねに中心をもっており、無名であったためしはない。魂とか包摂された内部とかいった概念が、世界の実存を構成しているのだ。観念論がこの概念を避けようとしないように、実在論もまたそれを避けはしない。世界とは私たちに与えられたものである。この表現はみごとに厳密だ。与えられたものとはいうまでもなく、私たちから生ずるのではなく、私たちが受け取るものだ。与えられたものはすでにひとつの面をもち、それによってある志向の終わり＝項（terme）となる。

志向は、ただ対象に向けられているというだけではない。この対象は私たちの意のままになる。この点で欲望や意欲は、いつも安らぎのない不安な欲求とは根本的に異なっている。快楽を何らかの欠如に先立たれた否定的なものとみなすプラトンの説[4]は、欲望自身が、欲望をそそるものの約束をみずからのうちに歓びとして担っているということを見落としている。この歓びは、他のあれこれの欲望の「質」や「心理学的性質」によるものでもなければ、その強度によるものでも、またそれにともなう軽微な興奮の魅力によるものでもなく、世界が与えられているという事実そのものに由来している。私たちの諸々の志向に供与された世界、ラブレーの例も含めて地の糧の鷹揚な豊かさ、若者が欲望を抱くことで幸福にも性急にもなる世界——世界とはそうしたものだ。世界は対象に付加される補足的な性格のうちに宿っているのではなく、対象の顕れのうちに書き込まれた差し向け〔宛先〕のうちに、というより顕れそのもののうちに、光のうちに宿っている。対象は私に差し向けられており、私にとって存在する世界との関係としての欲望は、私と欲望をそそるものとの隔たりを含んでいると同時に、その結果として、私の前にある一定の時間を——そして欲望に先立つ、欲望をそそるものの所有を——含んでいる。欲望をそそるものが欲望の前と後に位置しているというこのことが、すなわちそれが与えられているということであり、そして与えられているということ、それが〈世界〉なのである。

〈他人〉(5)(autrui) との出会いのように、世界から際立つ出来事もそこにはありうるが、そうした出来事は、文明化の過程によって世界に包摂されてしまう。文明化によって、私たちを含めたいっさいのものが与えられ、何ひとつ曖昧なものはなくなるのだ。

世界内で、他人はもちろん事物としては扱われないが、事物から分離されることもけっしてない。他人はその社会的状況をとおして近づかれ与えられるというだけでなく、人に対する尊重が人の権利や特典の尊重によって表されるというだけでなく、また諸事物が、設置されることで私たちに引き渡されるように、諸々の制度が私たちを諸個人や種々の集団、歴史や超自然的なものと関係づけるというだけでなく、世界内の他人は、身に纏う衣服そのものによって対象なのである。

私たちは衣服を着た存在たちと関わっている。人間はすでに身繕いという基本的な気遣いをした。人間は鏡を見、自分の姿を見た。顔を洗い、その表情から夜の気配を拭い去り、本能的な宿直(とのい)の跡を消し去った——彼はこざっぱりとし、抽象的になる。社会は礼儀正しい。もっとも微妙な社会的関係は諸々の形式をとおしてとり結ばれる。形式は、外観を保護するが、この外観が、あらゆる曖昧なものに真摯さの衣裳を纏わせ、それを世に適ったものとする。形式に抵触するものは世界から切除される。スキャンダルは夜のなかに、家々のなかに、自己の内に身を隠す——こうした場所は世界の内で治外法権のごときものを享受している。

私たちは素裸の体に出会うこともあるが、それとて衣服の普遍性を何ら変えるものではない。衣服の普遍性のうちにあっては、裸であることもその意味を失ってしまう。徴兵審査委員会では、人間も人的資材として扱われる。彼らはひとつの〈形式〉を纏っているのだ。美――完璧な形式――は形式中の形式であり、古代の彫像はけっしてほんとうの意味では裸ではない。

形式によって、ひとつの存在は太陽の方を向くことになる――形式によって存在は面をもち、みずからを与え、みずからをもち来たらす。ひとが衣服を脱いで世界から裸の状態へと引き籠もるのだとすれば、形式は裸の状態を隠蔽するわけだが、衣服を脱いだ存在は、世界から身をひいてその裸に引きこもり、あたかもその実存が他所にあり「裏面」をもっているかのようにして、そして「シュミイズを替ふるつかのま、あらはなる乳房さながら[6]」不意にとりおさえられるかのようにして存在する。だからこそ裸との関係はまごうかたなき体験――この言葉が世界を凌駕(りょうが)するような関係にも用いうるとして――、〈他人〉の〈他性〉の体験なのである。世界内での社会性は、別の存在つまり他性を前にした一存在を特徴づけるこの不安な性格を帯びてはいない。この社会性はもちろん怒りも憤慨も憎悪も愛着も愛も含んでいるが、それはもっぱら他人の質や実体に向けられたものであり、他人という脆弱な他性そのものを前にしての根本的な怖じ気は、むしろ病的なものとされ、世界からは追い払われる。自分の連れ合いに何か言うべきことを見つけなければならない――思いを取り交わさなければならない。その思いを第三項のように軸にして、必然的に、社会性はうち立てられる。

世界内の社会性とは、意思疎通（communication）ないし合一（communion）である。諍いをすることとは、互いの間に何も共通項がないことを証立てることである。触れ合いは、何か共通のもの、ある考えや利害、営みや休息、あるいは「第三者」への関与によって成立する。人びとはただたんに他者の前で一個人なのではなく、何ものかをめぐって他者たちとともに個々人なのである。隣人とは共犯者なのだ。ある関係の項としての自我は、この関係のなかでいささかもその〈自己性〉を失うことはない。それゆえに、多様な人間たちとの関係としての文明は、礼儀正しい諸々の形式のうちにとどまると同時に、またけっして個人主義を克服することもなかったのである。個人は十全に〈自我〉のままでいる。

世界内では、人間間の具体的な関係はすべて、その現実的な性格を第三項から借り受けている。この関係は合一である。この関係が人から人へと直接に循環しはじめると、これらの人格は幻影と化し、私たちは人格の不確かさを感知する。だれかについて、それがひとつの性格だとか本性だとか言い、それがひとりの「人間」だとか生身の存在だとか言うとき、ひとが言おうとしているのは、何か確かなものとのこの関係なのである。健康という、欲望する者から欲望をそそるものへのこの真摯な動き、この裏のない意志は、自分が何を望んでいるのかを正確に知っていて、人間存在のうちで何が現実的なものであり何が具体的なものであるかの尺度となる。自我がこのまっとうな意志の宿る座であるときは、そして思考や行為が、裸になることのできない自我のうわべの衣裳でないときは――小説を閉じながら批評家ははっきりとこう言う、ここにリアルな人物たちがいる、と。もしそうでなければ、批評家は、作家がイデオロギーに囚われていると非難することができるだろう。そして、医者の言葉は好んで真似されるが――というのも、健康とか病気とかで志向とその項との関係が記述されるのだから――その医者が最後の断を下す。医者は王子ハムレットが錯乱していると宣告し、その後にはいかなる分析も受けつけない。というのも、狂人たちといっしょにのぼせ上がる必要などないからだ。したがって、世界内の存在を特徴づけるのは志向の真摯さであり、世界での自足と満足である。世界は非宗教的で世俗的なのだ。アリストテレス以来私たちは、内容にくまなく衣裳を着せる形式という現象のなかで世界を考えてきた。対象のそれぞれの点は、照らし出される表面を構成し、視野のうちに配列され、私たちに対象を開示し、かつその対象の偶然と気紛れに枠を与える。事物の測り知れない玄義が姿を現し、私たちの手掛かりとなる。世界は諸々の形式によって安定し、堅固なものからなることになる。対象はみずからの有限性によって限定される。つまり、形式とはまさしく、有限なものが限定されたものであると同時に、すでに把握すべきものとして差し出されているという限界のあり方、終わり方なのである。

それゆえ、諸々の出来事——それを無意識という純然たる否定辞のもとに見出したのは、現代哲学の異論の余地ない功績だが——を世界の内部に位置づけてしまい、世界内での振る舞いを、欺瞞とか頽落とか「ブルジョワ的」とか、あるいは本質的なものを前にしての逃亡だとして告発してしまったことは、現代哲学におけるはなはだ遺憾な混乱である。この振る舞いの世俗性と満足は、ただ世界の運命そのものを表現しているだけなのだ。存在論的冒険のなかで世界はいかなる場を占めるのかを問うことは、世界それ自体の内部でこの冒険を追求することとは別のことなのだ。

フッサールの現象学的還元、あの有名な〈エポケー〉は、こうしてふたたび私たちにとっての意義を取り戻す。この現象学的還元は、対象がつねに諸存在や遂行すべき営為として与えられている世界の内におかれた人間の運命と、この「自然的態度の措定」[7]を中断し、厳密な意味での哲学的反省を開始する可能性との間に刻まれる分離のうちに宿っており、その分離のうちでこそ、「自然的態度」そのもの――つまり世界――の意味がふたたび取り戻されることになる。私たちが世界と言うことができるのは、世界の内においてではないのだ。

世界という概念を諸対象の総和の概念から分離する試みのうちに、私たちは躊躇なくハイデガー哲学のもっとも深遠な発見のひとつをみとめる。しかし「世界-内-存在」を記述するために、このドイツ人哲学者はほかでもない存在論的合目的性の助けを求め、その合目的性に世界内の諸対象を従属させるのだ。諸々の対象のうちに「資材」――「戦争資材」と言うときの意味で――を見てとり、彼は対象を実存することへの気遣いのうちに括り込んでしまった。そしてこの気遣いは、彼にとって存在論的問題の措定そのものにあたっている。これによって彼は、世界内の存在の本質的に世俗的な性格と、志向の真摯さとを見誤ったのだ。

世界内に与えられているものがすべて道具なのではない。「兵営」の宿舎や掩蔽壕は、軍隊の兵站部にとっては〈糧〉である。兵隊にとっては、パンや上着やベッドは資材ではない。それは「のための」ものではなく、それ自体が目的なのだ。「家は居住のための道具である」という言い方は明らかに誤りで、いずれにせよ「わが家のあること(chez soi)」が、定住的文明と名高い炭焼き人に託された〈支配〉[8]に帰属する人間の生活のなかで果たしている特別の位置を納得させるものではない。衣服は身を包むためにあると言っても、衣服がなぜ裸であることの謙虚さから人間を引き離すことになるのかを理解したことにはならない。食物にいたってはなおのこと、「資材」のカテゴリーには入らない。

この食物という糧の例をさらに強調しておこう。この例は日常生活のなかで占める位置のために特権的だが、またとりわけ、この例によって表現される欲望とその充足との関係が、世界内での生の典型をなしているという意味でも特権的である。この関係の特徴は、欲望とその充足とが完全に一致する点にある。この欲望は自分の欲するものを完全に心得ている。そして食物によってその志向は全面的に実現される。ある時機にすべてが完遂されるのだ。食べることを、経済的活動や世界を超えたところにある愛することと較べてみよう。愛の特徴は、それが本質的で癒しがたい飢えだということである。友達の手を握ることは、彼に友情を伝えることだが、それは何か表現しえないものとして、さらに言うなら何かなし終えていないこと、なし終ええないこととして、絶えることのない欲望として、それを伝えることである。愛の積極性そのものが、愛の否定性のうちにあるのだ。〔愛においては〕火にくべるたきぎは燃え尽きない。(9) 愛する者の前で感じる惑乱は、経済的な用語をもって所有といわれる事態に先立って起こるだけではなく、所有そのもののうちでもまた起こる。千々に乱れる愛撫のうちには、接近が不可能なこと、暴力が挫折していること、所有が拒まれてあることの告白がある。そしてまた接吻や愛咬のうちには、「食べる」ことの滑稽にも悲劇的な模擬行為がある。あたかもひとは欲望の性質を思い違いし、最初はそれを何かを求める飢えと混同するが、そのときやっとそれが何に対する飢えでもないことに気づくかのようだ。〈他人〉とはまさしくこの対象なき次元である。愛欲は、つねにますます豊かになる約束の追求だ。それは飢えの増大によってつくりだされ、いっさいの存在から解き放たれてゆく。目ざす到達点はなく、ほの見える果てもない。愛欲は、めくるめく空虚な無限の未来のなかに身を投じる。それは、いかなる〈対象〉にも充たされずまた標尺を刻まない純粋な時間を焼尽する。「充足」とは彼方に逗留することではなく、一義的で現在の世界のうちで自己に還帰することだ。愛に関することどもが、嗜好的欲望や自然の欲求同様経済的なカテゴリーに並べられてどのように語られようと、愛にはこの飽満への失墜に較ぶべきものは何もない。それに対して、食べることは穏やかで単純だ。食はおのれの志向の真摯さをくまなく実現する。つまり「食べる者はもっとも真っ当な人間」なのだ。

対象がぴったりと欲望に符合するというこの構造は、私たちの世界-内-存在総体を特徴づけている。いたるところで行為の対象は、少なくとも現実のなかでは、実存することへの気遣いには結びつかない。私たちの実存をなしているのはこの行為の対象なのである。私たちは呼吸するために呼吸し、飲みかつ食らうために飲み食いし、雨を避けるために雨宿りし、好奇心を満足させるために学び、散歩するために散歩する。それらすべては生きるためにあるのではない。そのすべてが生きることなのだ。生きるとは真摯さだ。世界に属さないものに対立するものとしての世界、それが私たちの住み、私たちが散歩し、昼食をとり夕餉をとり、誰彼のもとを訪れ、学校に行き、議論し、さまざまな経験を積み探究を重ね、ものを書き本を読む世界である。それはガルガンチュアとパンタグリュエル、それに世界第一の技芸師匠大腹師[10]の世界だが、またそれはアブラハムが羊の群れに草を食(は)ませ、イサクが井戸を掘り、ヤコブが家を建てた世界、そしてエピクロスが庭を耕した世界、「ひとみな誰もが、おのがいちぢくと葡萄の木陰にいる」

世界である。[11]

世界内に存在すること、それはまさしく、欲望をそそるものへと真摯に向かいそれを自分にとってのものとして捉えるために、実存するという本能の最後のしがらみから、自我のいっさいの深淵から身を引き離すことだ。自我はこの先けっして仮面を脱ぐことはなく、そのどんな姿勢もポーズとなり、自我に対しては告白も不可能となる。世界内に存在することは、欲望の真摯さの可能性そのものなのだ。ハイデガーによれば私たちの実存の各瞬間を実存するという務めへと導くという回路のなかで、そしてドアのボタンを押し、私たちが実存の全体性を開く——というのも私たちはすでに行為を越えて、その行為と存在することへの気遣いとを隔てる媒介を踏破したのだから——その回路のなかで意識は閉じた環を描き、それ以上のあらゆる合目的性を抹消してそこにとどまるのだが、その環のなかには満足と告白さえありうる。この環が世界だ。〔実存への〕気遣いとの絆はそのなかでは少なくとも緩む。欲望の対象の背後に、世界を曇らせる爾後（じご）の合目的性の影が輪郭をあらわすのは、悲惨と困窮の時代である。死なないために食べ、飲み、暖を取らなければならないとき、ある種の苦役の場合のように糧が燃料になるようなとき、世界もまた混乱し無意味になり、更新されるべきものとしてその終末に達したように思われる。時間の蝶番がはずれる。

いうまでもなく欲望だけでこと足りるわけではなく、それには飽満の欲求と嫌悪が隣合っているが、しかし存在論的冒険のなかで〈世界〉は、頽落という名に適うどころか、固有の均衡と調和、それに無名の存在に別れを告げるという積極的な存在論的機能をもったひとつのエピソードなのである。世界が破裂するかに思われるこのときに、そして私たちがまだ理にかなった行為や振る舞いをしており、罪を宣告された者がおのがラム酒を飲み干す[12]まさにそのときに、私たちは世界を真摯に受けとめる。世界を日常的と呼び、それを非 - 本来的なものとして断罪することは、飢えと渇きの真摯さを見誤ることだ[13]。それは事物の巻き添えをくった人間の尊厳を救い出すという口実のもとに、資本主義的観念論の嘘偽りに目をふさぎ、雄弁と雄弁の差し出す麻薬のなかに逃げ込むことだ。経済的人間から出発するマルクス主義哲学の偉大な力は、説教の欺瞞を徹底的に排するその能力にある。志向の真摯さ、飢えと渇きという一途な善意のなかに身を置いて、この哲学が提起する闘争と犠牲的行為の理想、そしてこの哲学が誘う文化は、これらの志向の延長にほかならない。マルクス主義がひとを魅了しうるのは、それが自称唯物論だからではなく、この提言とこの誘いが保持している本質的な真摯さのためである。志向の単純さや一義性に根を下ろすことのないあらゆる観念論の上には、つねに疑惑の影が落ちるが、マルクス主義は起こりうるこの疑惑を免れている。だれもこの哲学に嘘つきや騙されやすい者や飽食家の底意を見立てたりはしない。

このあとすぐに示すように、世界内での生は、それが実存から身を引いて実存する可能性を与えるというかぎりで、意識なのである。対象に対する真摯さは、実存に対するためらいであり、実存は引き受けるべき務めとして現れ、そこから主体が、実存を担うことになる実存者が、ふたたび生まれてくる。

2 光

世界とは、与えられたものである。対象にぴったりと添った〈形（形相）〉が、私たちに対象をひきわたす。けれども私たちは、活動と欲望の実践的な構造を、形の理論的な構造と混同してきはしなかっただろうか。頑迷な主知主義の虜となって、諸々の形に関する理論的な観照を、実践的活動と欲望の条件だと想定してきはしなかったか。私たちはこの区別を考えに入れてこなかった。それは、私たちが出発点とする与えられたもののなかでは、実践的なものと理論的なものとが相互に結びつくからである。観照は与えられたものとしての対象に向けられる。そのことからして観照は「純粋観照」以上のものであり、すでに行動の要件なのだ。行動、というのは比喩として言うのではなく、志向すなわち欲望は、つかみ取る、自分のものとする運動だからである。しかしこの場合、つかみ取るのはあらかじめ与えられたものである。観照されるものの形にはまったく無縁なままにとどまる観照という概念を、私たちは与えられたものへと向かう志向の概念にとって換える。

フッサールは志向をその特殊化や他の志向との組み合わせのなかで分析したが、志向はそれ固有の運動のなかで記述されねばならない。与えられたものとは、私たちではない。自我は与えられたものを所有するが、この所有によって押しひしがれることなく、対象に対して一定の距離と留保を保っており、それがほかでもなく志向を〈享受〉から区別している。この距離を置いた所有、手ぶらの所有——それが志向を志向性に転化するのだ。志向性の概念の発見はいうまでもなく、自我が世界の外に考えられていた時代にはとりわけ、世界内での私たちの現前の発見として、自我の存在そのもののうちに含まれる世界への関わり合いの発見として受けとめられたが、この現象のもうひとつの面もそれに劣らず重要なのだ。強調しておかねばならないのは、志向によって、世界内での私たちの現前は隔たりを通したものとなり、私たちは志向の対象から、もちろん越えることはできるけれどもともかく隔たりには違いない隔たりによって引き離されている、ということだ。この状況がありふれたものだということは、それを私たちの出発点だった実存者と実存との関係と較べてみればいくらか明らかになる。この関係はもちろん出来事でありかつ関係だが、この関係の二項性特有の性格は、実存が本来の意味での〈項〉ではなく、実詞ではないということ、そして実存は隔たりを置かずに自我に密着しているということから生じている。自我はおのれの実存に向かっているのではなく、おのれの実存の魔力の虜になっているのだ。取り憑かれて、実存はまた取り憑く。志向に与えられた世界は、世界に対する自由を自我に委ねる。与えられたものは私たちの肩にのしかかるわけではなく、一時預けにしたように、向こうに置かれてある。事物が外在的なのは、私たちが事物に近付いてゆくから、私たちがそちらに行かねばならないから――対象は身を差し出しているがこちらに近づいては来ず、私たちを待っているからである。そこに過不足ない〈形〉の概念がある。形とは、それによって事物が姿を示し、手掛かりを与えるもの、また事物のうちで照らし出され把握を可能にするもの、そして事物を支えるものである。事物とはつねに嵩であり、この嵩の外面が内実を表に出現させながら保持している。現実は何らかの意味で堅固な諸々の要素からなっている。その要素のなかに入り込むこともできるだろう。しかしそうして入り込んでも形を砕くことはできず、形の上を滑るだけである。

それゆえ世界内の自我は、事物に向かってゆくと同時に、事物から身を引いている。自我とは内面性なのだ。世界内の自我は、内と外とをもっている。

志向性を言い表すもうひとつの言い方として、志向性は「意味」の起源にほかならない、と言われる。(14) 意味によって、外部にあるものはすでに内面に合わせて調整されそれに準拠することになる。意味とはそうしたものだ。意味はもともとは、ある観念や知覚を一定の原理や概念に還元する手段ではない。もしそうであるなら、もはや還元不可能な原理の意味といったものは、ではいったい何なのか、ということになってしまう。意味とは、精神に対する透過性、感覚と呼ばれるものをすでに特徴づけている透過性であり、そういってよければ光の明るさのことなのだ。

私たちはたしかに、あらゆる感覚的ないし知的な把握について語るとき、視覚や光をもちだすことができる。ある対象の固さや料理の味、香水の匂い、楽器の音、公理の正しさなどを、私たちは見てとるわけだ。感覚的な太陽から発するのであれ、知的な太陽から発するのであれ、光はプラトン以来存在すべての条件となっている。思考や意欲や感情は、知性からはどれほど隔たったものであっても、なによりまず経験であり、直感であり、生まれ出ようとしている明らかなヴィジョンあるいは明るみである。ハイデガーの気遣いはもはや知覚に基づいてはいないが、それでもある灯明を含んでおり、そのために気遣いは、ひとつの了解となり思考となる。そしてそのことによって、外部と内部の二元性が〈現存在〉のただなかにふたたび生ずることになる。現存在はこのように、世界を通して実存に接近する伝統的なすべての存在論に結びついているのだ。

　私たちの宇宙を満たす光は――それが物理 - 数学的にどのように説明されようとも――、現象学的には現象の、つまりは意味の条件である。すなわち対象は、ともかく実存してはいるが誰かにとって実存しているのであり、その誰かに宛てられ、すでにしてひとつの内面に向かって身を傾け、そこに吸収されることなく身を差し出しているのである。外からやってくる――照らされた――ものは了解される、つまりは私たちからやってくる。諸々の対象がひとつの世界であるということ、つまりそれが私たちのものだということは、光によってなのである。所有は世界を構成する要件だが、世界は光によって与えられ把握される。私たちのあらゆる感覚の根底にある把握の作用が、世界における所有の起源なのだ。だがこの所有は負荷ではなく、「我が十字架」といった表現に見られる所有格とはいかなる共通性もない。

照らし出された空間は、まるごとひとつの精神のまわりにとり集められ、それをこの精神が所有する。その意味で、照らし出された空間とはすでにある総合の産物なのである。カントの空間は本質的に照らし出されている。あらゆる次元でこの空間は接近可能だし、踏査可能である。この空間は、それを吸収する運動、つまり視覚が一瞬のうちに――それは視覚が予感させる速さの範だ――遂行する運動にすでに適合している。そしてそのためにこそ、視覚とは比類ない感官なのである。視覚は把握し位置づける。主体に対する対象の関係は、対象そのものと同時に与えられる。すでにひとつの地平が開かれているのだ。視覚以外の感覚が明晰さを欠くのはこのような地平をもたないためであり、この感覚をそれ自体としてとらえるとき、それが私たちにとって不意の驚きとなるからである。

光はこのような内部による外部の包摂を可能にする。そしてそれが〈コギト〉と意味の構造なのである。思考はつねに明るみであるか、もしくは明るみの端緒である。光の軌跡が思考の本質をなしている。つまり光によって、対象は外からやってくるにもかかわらず、その外に先立つ地平のなかですでに私たちに属している。いいかえれば対象は、すでに把握された外からやってきて、あたかも私たちに由来し私たちの自由に領導されたものであるかのようにあらわれるのだ。〈ア・プリオリ〉と〈ア・ポステリオリ〉との対立は、観照と欲望との対立と同様に、明るみの瞬間のうちで乗り越えられている。

世界の存在は光によって特徴づけられている。したがって世界は、実存する諸対象の総和ではない。全体性とか総体といった観念は、世界を包摂しうるひとつの存在においてしか理解されえない。全体性なるものがあるのは、それが光のなかにあるひとつの内面性に準拠しているからである。その点で私たちは、統覚による総合と、世界の構成におけるその統一の役割をめぐるカント[15]の見解の深遠さを認める。ただそれを、直観と視覚と光の総合として理解するとしての話だが。

与えられたもの、志向、光といった概念をとおして、私たちは〈知〉の概念にたどりつくが、西欧的思考はとどのつまりはこの知の概念によって意識を解釈している。

ここで言う知とは、きわめて広い意味で捉えられた知である。もちろん西欧哲学は知性とは異なる形態の意識を知ってはいるが、いささかも知的とは言えないその有為転変のなかにあっては、精神とは〈知るもの〉のことである。感じたり、苦しんだり、欲したり、あるいは望んだりする行為は、意識されているということによって、つまりデカルト的な意味での経験であり思考であるということによって、精神の生に帰属している。認識の起源を感覚に置く経験論も、精神性と知とを同一視するこの傾向に忠実である。というのも、経験論は感覚を「基礎的情報」として扱い、感覚の特殊な味わいや感覚の厚さとでもいうべきものを無視するからだ。感情のうちにある警告しか見ようとしなかったデカルトやマルブランシュのような人たちも、おそらくそうしたもののために感覚を曖昧で混乱したものとみなしたのだろう。伝統的な解釈によれば、感覚のうちには、感覚が遂行する把握に先立つより内密な過程は何もない。感覚的対象は構成されるだろうが、そのときからすでに精神が感覚のうちに構成されており、そのときからすでに精神は知であり、把握なのだ。

しかしはっきりと対象へと向かう知は、その本質からして存在のこちら側でのひとつの在り方である。知とは、出来事に巻き込まれないという権能を保持したまま出来事に関わるひとつのやり方である。主体とは、無限の後退の権能、つねに私たちに起こるものの背後に自分を見出す権能である。内感が私たちに与えるのは、客観性全般の条件によって変形された主体だけであるというカントの断言[16]は、まさしく主体の本質を把握させてくれる。つまり主体とは、主体が自分自身に関してもちうる観念とはけっして混同されえず、いっさいの対象に関係してすでに自由であり、後退であり、「我関せず」なのである。この意味で、認識に対する実践の自立性を主張する近代哲学の一見解とは違って、知はあらゆる自由な行動の条件なのである。実際、主体と対象との関係——そこに認識は還元されるというのだが——は、行動を差し控える行為者についていわれることとして呈示される。観照の本質は、それが観照でしかないということにあるかのようだ。対象は、認識の目が無感覚になるまさにそのときに、生き物の自然的条件である行動が麻痺するまさにそのときに、手に差し出される道具がもはや手の越えることのできない距離を隔てて現れるまさにそのときに、この認識の目の前に現れることになる。行動との関係でこのように定義された観照は、否定的にしか規定されえない。しかしなにより、ここでは定義が、画定すべき当の概念を前提としている。差し控えの権能は、行動がその差し控えを含んでいるのでなかったら、行動からは引き出せないだろう。自分の前に現前しているものとのいっさいの絆に縛られずにおり、自分に起こること、自分の対象あるいは自分の歴史とすら関わらずにいるというこの行為者の権能――それがまさしく光としての、志向としての知なのである。

光はこのように中断という出来事、〈エポケー〉という出来事であり、この中断とは、ひとが関係している諸対象や遂行している歴史に関わり合わないこと、つねにこれらの対象や歴史の外側にとどまる――たとえ、ことが歴史を中断する存在そのものの歴史であっても――ことである。この中断が自我を、自我の無限後退と「我関せず」の権能を定義している。つねに存在の外、自己の外にすらあり、カントの望んだように内的知覚によっては捉えようもない自我という存在を。

光としての世界の内にある実存――それが欲望を可能にする――はしたがって、存在のさなかにあって存在から離脱する可能性である。諸々の対象に結びつきながら存在の内に入って行くことは、すでに無効性に損なわれた繋がりを成就することである。それはすでに無名の状態から逃走することだ。いっさいが私たちの実存の全体性との連帯を宣明しているかにみえ、私たちが普遍的な機械装置の歯車に捉えられているこの世界において、私たちのもつ第一の感情、私たちの抱く抜きがたい幻影とは、自由の感情ないし幻影である。世界内に存在すること、それは疲労と現在の分析のなかで明らかになったあのためらい、あの間隔である。意識について、みずからを中断し無意識の淵に落ち込みそこで自分に猶予を与える意識の権能について、私たちは後に語ろうと思うが、実存のうちに一実存者が出現し、以後実存とひとつの関係を保ってゆくという存在論的冒険のなかで、世界がいかなる役割を果たすのかはそこで明らかになるだろう。さまざまな欲望や日々の足掻きをともなう私たちの世界内実存は、それゆえ途方もないペテンでもなければ、非本来的な状態への失墜や、私たちの奥深い定めからの逃亡でもない。この実存は無名で運命的な存在に対するあの抵抗の増幅であり、それによって実存は意識となる、つまりあの間隔を満たすと同時に維持する光を通じての、一実存者と実存との関係となるのである。

努力のうちに実存することへの最初のためらいを見分け、世界を、存在への関わり合いをもたないままのいつでも撤回しうる対象への結び付けとして呈示することで、私たちは実存の無名性のなかに立ち現れる実存者の最初の発現を記述してきた。光、知、意識は、実詞化という出来事そのものを構成するように思われた。しかし、この出来事の意味それ自体のよりいっそう鋭い感情を与えるために、私たちはここでこの作業の中心的概念、つまり無名の実存という概念に正面から立ち向かわなければならない。そのために、まずひとつの状況、志向や知がその真摯さにもかかわらず保ちつづける存在に対する自由というものが、世界の不在に、基本的なものに突きあたる、そんな状況を考察してみなければならない。

訳注

(1) テオフィル・ゴーチエはフランスの作家、詩人(一八一一―七二)。はじめユゴーに傾倒し、『エルナニ』上演の際はロマン派の先頭に立ったが、やがて芸術の自立性と非功利性を強く主張し、「芸術のための芸術」の主導者となった。詩集『七宝螺鈿集』の他、ホフマンの影響を受けた幻想小説が多い。

この引用の出典は不明だが、エドモン・ド・ゴンクールの『シャルル・ド・ドマイー』のなかのゴーチエに擬された人物の言葉に「もしわたしに人よりすぐれたところがあるとしたら、それはわたしには外界が存することである」というせりふがあるというが(岩波文庫『死霊の恋・ポンペイ夜話』田辺貞之助訳の「あとがき」による)、これはレヴィナスの引用した言葉とほぼ同義だと思われる。ただ、この場合の「外界」は「現実の外界そのものではなく、幻想によって創造され美化された外界であったにちがいない」(田辺)とされている。芸術の実利性を否定し言葉と幻想世界の彫琢にいそしんだゴーチエが「外界(外的世界)」というとしたら、通常の解釈からはそれは「内面世界」に対する「外的世界」ではなく、「現実の外の世界」ということになるだろう。だが、レヴィナスはゴーチエの言葉を「世界の諸事物への意欲」を示したものとして引用している。つまり現実世界とは別の世界への嗜好ではなく、まさしく「現実」世界への志向を表すものとして受け取っているわけだ。このことはレヴィナスのいう「世界との関係」言い換えれば「志向」を考えるときにきわめて意味深い転倒だと思われる。

レヴィナスは本書の「世界なき実存」の章のはじめに「芸術の無関心＝没利害(désintéressement)」というカント的テーマについて触れているが(「世界なき実存」訳注(2)参照)、「芸術のための芸術」というゴーチエの主張はこの「無関心＝没利害」に密接に関わっている。ゴーチエは、一方では無意味な熱狂に浮身をやつす自堕落な文学傾向に苛立ちつつも、時の政府が文学を社会道徳善導の道具として利用しようとしたのに怒りを抱き、非功利的な芸術の美の追求を主張した。だが、これはたんにいわゆる「現実に背を向ける」といったことではなく、重点は芸術を世俗的な関心事や実際的配慮から解き放つということにある。実際の事物は人間の関心事や思惑の外にある。もっと言うなら人間的な関心に絡んだ認識の外にある。芸術がそうした事物との関わりだとするなら、芸術はいわば人間世界の外、主体によって内面化された世界の外の事象との関係だということになる。カントはそれを「認識判断」と「趣味判断」との違いとして語っている。そして「対象」という言葉が使えるなら、この意味での「外的」な対象は「物自体」ということになる（カントではそれが物自体と呼ばれる――「（趣味判断の対象は）単なる現象としての対象ではなく、物自体としての対象だということになろう」『判断力批判』）。

レヴィナスはゴーチエの言葉をこのような意味で受けとっていると考えられる。つまりゴーチエの言う「外的世界」とは、心理的な内面世界に対する外的世界ではなく、主体によって内面化された世界（人間的な光によって照らされた世界）の外にある世界、事象そのものの世界だということである。しばらくあとで問題にされるように、レヴィナスは芸術をこうした事象、いわば「世界‐外‐存在」との関係とし「アイステーシス（感覚）」がわれわれをそのような裸の事象との関係に開く、と語っている（本文一一二ページ以下参照）。

さらに、この裸の事物とのじかの関係は、レヴィナスが世界の諸事物を手段ではなく享受の対象としての「糧」と見る、その観点に通じている。有用性の覆いをとった世界、内面性に取り込まれていない世界、ただ糧として現れ享受される世界、芸術が「アイステーシス」をとおしてのそのような世界との関係だとすればこのゴーチエの言葉は、『ガルガンチュア』が世界の豊かさ鷹揚さの積極的な肯定であるのと同じように（本文八九ページ参照）「世界への陽気な意欲」の表現だといえる。このレヴィナスの受け取り方が牽強附会でないことは、たとえばゴーチエの『オニュフリュス』という悪魔的幻想小説が、『ガルガンチュア』の一節をエピグラフに掲げていることからも納得される。

（2）〈intention〉この語は中世スコラ哲学では、認識の対象へと向かう精神の働き（形相的志向、intentio formalis）、および、精神がそれに向かう対象つまり思惟内容（対象的志向、intentio objectiva）を意味するとともに、意欲の目的の意をも含んでいた。そのうちの認識論的意味のみが、ブレンターノを経てフッサールに継承され、主体の意識が他の何ものかに向かい、それによって意識の対象が「意味」をもつことになる、その働きないし傾向を指す語となった。そこから「意識は、つねに何ものかについての意識である」という有名な一般的定式が生まれ、意識は自分以外のものに向かって自己を超出する「超越」とみなされる。現象学ではむしろ、このような意識の根本的特性を意味する「志向（指向）性」〈intentionnalité〉の語が頻繁に用いられる。

また、ハイデガーはこの志向性という語を引き継ぎ、これを意識のたんなる本質規定にとどまらない、世界内存在としての現存在に本質的な存在の仕方とみなし、それを何かのために気を配り、何かのために見る関心、つまり「気遣い」としてとらえた。レヴィナスは「志向性」〈intentionnalité〉ではなくふたたび「志向」〈intention〉という語を選んでいるが、この語は通常、「意図」とか「意向」あるいは「心づもり」などと訳されるように、何らかの行動に結びつけて用いられ、行動する者の「ねらい」とか「目的」を含意している。何かを目あてとして抱きそちらに向かうことである。スコラ哲学から現象学に引き継がれ、「志向性」として認識論的に抽象化されたこのテーマを、「普通の意味」での「志向」として語り直すことで、それを生の直接性により引き寄せている。

(3) レヴィナスが〈orekton〉と記している「欲求されるもの」は、実際には『形而上学』第十巻ではなく第十二巻七章の例証中に出てくる。本文が煩瑣なので、該当箇所を保存しながらこの章の主旨をまとめた出隆による内容目次を引用しておきたい。

第七章、永遠的な運動をおこす第一の永遠的な動者は、まったく現実態であるからそれ自らは全く不変不動な実体であり、あたかも思惟の対象や欲求の対象が思惟者や欲求者を(あるいは愛人が愛者を)動かすように、自らは動かないで他のすべてを動かす。この第一の不動の動者に世界のすべては依存する。これは善であり、生命であり、不断に自らを思惟・観照している純粋理性であり、これが神である。(出隆訳、岩波文庫版。本文該当箇所は下巻一五〇ページ)

なお、本文のこのパラグラフの最初の文について補足しておきたい。パルメニデスの言うように「在るものが在り、在らざるものが在るのではない」とするなら、あらゆる在るものは在るという点において一であり、この一が存在それ自体だということになるが、存在それ自体は実体としては存在しない。実体としての存在はつねに多である。この一なる存在が、不生不滅、永遠の神聖性だとすれば、個物から成り立ち、数で数えられる実体としての存在は、存在を分かち合ってはいる（信仰をもってはいる）が神聖な世界には属さない世俗（laïc）の世界を構成していることになる。つまりここで言われているのは、西欧の哲学が、つねに個的な存在者の世界の規定を負いながら一なる存在をめざす運動、いいかえれば内部から外部へと向かう運動だったということに関連している。

（4）プラトン『饗宴』でソクラテスはアガトンを相手に、欲望（エロス）は対象をもち、その対象は欲望する者が現に欠いているものだということ、つまり欲望は欠如に発するものだということを納得させている（二一節）。

（5）「他人」という訳語をあてたのは〈autrui〉である。この語は、限定語をともなわず単独で人についてのみ用いられ、主語や直接目的語としてはほとんど使われない。そうした文法的特徴によって、「他の」を意味する形容詞でもあり「他者、他のもの」を意味する名詞でもある〈autre〉と区別される。

この〈autrui〉の文法的特徴から、レヴィナスはこの語を術語化し、自我によって同化しえず、またもうひとつの〈同〉として自我と共約することもできない絶対的な他性の具体的現存を表すのに用いている。それは主語にもならず直接目的語にもならない、ということは主体でもなく対象でもない関係のうちに現れる。

この訳語が最適とは思われないが、〈autrui〉の言葉の単純性と人としての具体性を示すために「他人」とした。

(6) ポール・ヴァレリーの『魅惑』に収められた詩篇「風神 (Le sylphe)」からの引用。

人は見ね　人こそ知らね
シュミイズを替ふるつかのま
あらはなる乳房さながら！

(堀口大学訳『ヴァレリー詩集』ほるぷ出版)

(7) 「自然的態度の措定 (la thèse de l'attitude naturelle)」とは、「私が(実在を)実在するものとして発見し、実在が私に与えられるがままにそれを実在するものとして受け取る」(『イデーン』三〇節)という事態の本質をなす措定。あらゆる自然科学の根底にある措定であり、また、ここでレヴィナスの言うように、「世界内」での人間の姿勢に本質的に含まれるもの。そして「現象学的還元」は、この「一般措定を作用の外に置」き、「全自然的世界を括弧に入れる」(『イデーン』三二節)。

(8) 「炭焼人はわが家の主人 (Charbonnier est maître chez soi.)」という成句がある。森のなかでひとりで働く炭焼人の独立性にかこつけて、「だれでも自分の家では (chez soi) 思うがままに振る舞える」ということを表す。文中「支配」は〈maîtrise〉の訳。〈maîtrise〉は〈maître〉「主人」の抽象名詞で「主人であること」あるいは「主人としての力能」を意味し、ヘーゲル的コンテクストでは理性の本質をなす作用である。

(9) 火を万物の原理としたヘラクレイトスが、火はみずから燃えさかるためにその座である木片を滅ぼしてゆく、と語ったのをふまえた言い方。

(10)「世界第一の技芸師匠大腹師（Messire Gaster）」は、フランソワ・ラブレーの『ガルガンチュアとパンタグリュエル物語』の『第四の書』の登場人物（同書第五七章第六二章参照）。〈gaster〉はギリシャ語で胃袋のこと。パンタグリュエルとパニュルジュが旅の終わりにたどりつく島の主で、巨怪な胃袋と食欲の持ち主。彼が世界第一の技芸師匠とされるのは、「あらゆる技芸は食欲から生まれた」とのラブレーの持論から。なお、この説はエピクロスの説でもある。

(11) イサクはアブラハムの子、ヤコブはイサクの子で後のイスラエル。双子の兄エサウがいる。「イサクが井戸を掘り」（『創世記』第二六章）、「ヤコブが家を建て」（同、第三三章）参照。

エピクロス（前三四一—前二七〇）、アテネに庭園を買って学舎を設立したことから、彼の学派は庭園学派と呼ばれる。

(12) ラム酒はサトウキビから造る蒸溜酒で、気つけ薬に使われる。チャップリンの映画『殺人狂時代』を想起させる。

(13) 言うまでもなく、世界を「頽落」に結びつけ、それを「日常的」と呼び、「非‐本来的」なものとするのは、ハイデガーの存在論である。ハイデガーへの暗黙の批判は随所にちりばめられている。

(14) 一〇六ページ訳注（2）前半参照。

(15) 統覚は〈aperception〉。カントは「先験的統覚」と「経験的統覚」とを区別しているが、ここで問題となっているのは「先験的統覚」。認識が可能であるためには、直観に与えられる多様なものが統一され、その表象が一個の意識において総合されなければならないが、その統一の根拠となるのが、「私は考える（コギト）」という意識である。この意識は感性から（経験から）発するものではなく、あらゆる対象の表象はこの意識に関係してのみ可能となる。これをカントは先験的統覚と呼び、この統覚による統一を人間の認識全体の最高原理とする（『純粋理性批判』岩波文庫、上巻一七五―一七九ページ、下巻一五五―一五六ページ参照）。

(16) 前注との関連でいえば「内感」は「経験的統覚」、自我の単純な表象である（カントにおいてはこれが「自己意識」と呼ばれる）。これについては『純粋理性批判』に次のような記述がある。「内感は我々自身に我々の意識を現示するが、しかしこの場合に我々自身をすら、我々自体があるままに示すのではなくて、我々が我々自身に現われるままにしか示さないのはどうしてであるかと言えば、それは我々が、内的に触発される仕方でしか自分自身を直観することができないからである」（篠田英雄訳、岩波文庫、上巻一九四ページ）。ここで言う「内的に触発される」とは、「先験的統覚」の働きによって触発されるということであり、内感と区別されたこの統覚は、その総合的統一の作用によって、いっさいの感性的直観に先立って客観性一般を条件づけている。そしてふたたび言えば、この統覚が、あらゆる現象に付随可能な「私は考える」、つまり思考する主体である。

世界なき実存

1　異郷性

私たちは世界と関係しているが、世界から身を引き離すこともできる。事物は、所与の世界の部分としてひとつの内面に関係づけられ、認識の対象ないし日用の対象として実用性の歯車の連鎖に組み込まれている。そしてそこでは事物そのものの他性はほとんど目立たない。芸術は諸々の事物を世界から浮き立たせ、そのことによって事物を一主体への帰属という状態から引き離す。芸術の初歩的な発現形態のうちにみとめられるその基本的な機能は、対象そのものの代わりに対象のイメージをさし出すことである――それはベルクソンが、対象の上にとらえられた眺め、抽象、と呼んだもので、彼はそこに美的な剰余を見るのではなく、それを対象以下であることとみなしている[1]。まさしく写真が果たすのはこの機能だ。このように、私たちと事物との間に事物のイメージを置くことは、世界の見晴らしから事物を引き離す効果をもつ。絵に描かれた状況や語り伝えられた出来事は、なによりまず実際の状況や事実を再現しているはずである。だがその状況や事実に、私たちが絵画や物語の仲立ちを介して間接的に関わっているということが、伝えられるもの自体に本質的な変化をもたらす。この変化は、視点の取り方や絵の構図、あるいは語り手の性向や話のまとめ方によるものではなく、それ以前に、私たちがなまの事象と間接的に関わっているというそのこと――語源的な意味での異郷性(exotisme)――から生じている。芸術について「無関心＝没利害」[2]が語られるのは、ただそれが行動する可能性を中和してしまうからではない。異郷性は観照そのものにある変化をもたらす。「対象」は外にあるが、この外はあれこれの内面に準拠してはおらず、またその対象もすでに自然に「所有されて」いるわけではない。絵画や彫刻や書物といったものは私たちの世界に属する対象だが、それらをとおして再現された事物は私たちの世界から離脱しているのだ。

再現された対象も私たちの世界の一部をなすものではあるが、芸術はいかに写実的なものであっても、その対象に他性という性格を伝えわたす。芸術は、対象を裸のままで私たちに差し出す。裸といっても衣服がないということではなく、言ってみれば〈形〉

そのものがない、つまり形が遂行する外在性の内面化という変容を被っていない、ほんとうの裸の状態である。絵画の形や色は、覆いをかけるのではなく、それ自体としてある事物をさらけ出す。というのも、まさしく形や色が事物の外在性を保たせるからだ。現実性は、所与としての世界には異質なままにある。その意味で芸術作品は、自然を模倣すると同時にあたうかぎり自然から遠ざかっている。過去の世界に属するあらゆるもの、太古のもの、古代のものが美的印象を与えるのもまたそのためである。

知覚のなかに、ひとつの世界が与えられる。音や色や言葉は、それがなんらかのかたちで覆っている対象を指示している。音はある対象の立てる物音であり、色は固体の表面に付着しており、言葉は意味を宿し対象に名をつける。そして知覚は、その客観的意味をとおしてまた主観的意味をもつ。つまり外在性は内面性に準拠しているのであって、事物それ自体の外在性ではないのだ。芸術の運動とは、知覚を離れ感覚を復権させること、知覚という対象への差し戻しの作用から質を引き離すことである。志向が対象まで到達せずに感覚そのもののうちに踏み迷う、そしてこの感覚のなかでの、〈アイステーシス〉(3)のなかでの踏み迷いが、美的効果を生むのである。感覚は対象へと導く道ではなく、むしろ対象から遠ざける障害なのだ。またそれは主観に属するものでもない。感覚は知覚の素材ではない。芸術において感覚は新しいエレメントとして浮かび出る。というよりむしろ、感覚は〈エレメント〉[4]の非人称性に回帰するのだ。

感覚は、カントの心理学が説いているような、いまだ組織されていない質といったものではない。感覚の組織化だとか無秩序だとかは、その客観性や主観性とは関わりがない。感覚が純粋な質に還元されてしまうなら、それは光をおびているかぎりですでに対象となってしまうだろう。芸術において、対象を構成する諸々の感覚的質が、いかなる対象にも導かないと同時にそれ自体としてあるというそのあり方、それが感覚としての感覚という出来事、つまり美的出来事なのである。それをまた、感覚の音楽性と呼ぶこともできるだろう。たしかに音楽では、質がいっさいの客観性を――したがっていっさいの主観性を――脱ぎ捨てるこのあり方はまったく自然なものに思われる。音楽の音はもはや物音ではない。そしてこの音は、対象の次元とはなんら共通性をもたない結びつきや総合を受け入れることができる。色の場合、事物とのきずなはもっと親密だが、革新的だと感じさせる絵画においてはとりわけ、色は事物から離脱してゆく。そうなると色は今度は、世界内の諸対象の総合とは関係のない多様な調和のなかに入ってゆく。言葉は意味と切り離せない。だが、はじめにあるのは言葉が満たす音の物質性であって、それによってはじめて言葉は感覚へと、そして今定義した音楽性へと導かれる。つまり言葉は、リズムや脚韻、韻律、頭韻などをもつことができるのだ。しかし言葉はもっと別の仕方で、つまり、多様な意味に結びつき、他の言葉との隣接から多義性を引き出すことで、客観的意味を離れ、感覚的なもののエレメントに立ち帰ることができる。そのとき言葉は、〈意味する〉という事実そのものとして機能するのだ。思考は詩の意味を見透すが、同時にその意味の背後で詩の音楽性のなかに埋没してしまう。そしてこの音楽性は、もはや対象でも何でもなく、おそらくただそれが遠ざけるもの、音楽性がそこから身を解き放つ当のものにのみ従って変化するのだ。現代詩は、古典的な韻律法と縁を切りはしたが、だからといっていささかも詩句の音楽性を捨て去ったのではなく、よりいっそう深いところにそれを求めたのである。

感覚と美的なものは、したがって物自体（les choses en soi）を産み出すが、それは高次の対象として生み出されるのではない。むしろあらゆる対象を退けて、それは新たなエレメント――「内」と「外」との区別にはいっさい無縁で、実詞の範疇さえ受けつけない――へと広がってゆく。

絵画の知覚に関するフィンク氏(5)のすぐれた分析（「哲学現象学研究年報・IX」）も、この異郷性を充分考慮に入れてはいない。もちろん、描かれた樹木を知覚することをとおして志向は樹木そのものに向かってゆくのだし、そのようにして私たちが、現実の世界とは異なる絵画の世界に入ってゆくというのはたしかである。しかし、フィンクにとって絵画の世界は、非現実的で、中性化され、宙吊りにされたものであって、異郷性の気配を色濃く帯びてはいない。したがってある「内部」への準拠から引き離されてはいない、つまり世界に属するというその質を失ってはいない。

それにまた、世界の一片をもぎ取って別にし、ひとつの内面のなかに、互いに異質で浸透し合わないいくつもの世界の共存を実現させる絵画という事実そのものが、すでに積極的な美的機能をもっている。限定されたものを作らねばならないという物理的必要から生じる絵画の制約が、この制約にほかならない唐突で抽象的な線によって、美的なものに積極的条件を与えている。ロダンの彫像の下に伸びる無造作な塊もまたそのようなものである。そこに現実が、壊れた世界から立ち昇り、世界なき現実の異郷的な裸身をさらしてたたずんでいる。

同じ効果を、映画ではクローズ・アップが果たしている。クローズ・アップが面白いのは、ただそれによって細部が見えるようになるからではない。行動は個別的なものを全体に組み込むが、クローズ・アップはその行動を停止して、個別的なものがそれだけで存在するようにさせ、個別的なものの特異で不条理な本性を発現させる。それをカメラが、しばしば思いがけない視野のなかに発見するのだ。たとえば肩の曲がり具合が幻惑的な大きさで映し出されると、可視的な世界とそこでの正常なサイズの作用によってくらまされ覆い隠されていたものが裸になる。

ところで、芸術の異郷的現実はもはや客観的現実ではなく、私たちの内面性に準拠してはいないが、こんどはそれがひとつの内面性の外衣として現れてくる。まずはじめに、事物たちの内面性そのものが芸術作品のうちで人格をもつ。静物、風景、そして肖像はなおのこと、固有の内面的生をもっており、それを物質的外衣が表現する。風景とは心象だと言われた。この対象たちの魂とは別に、芸術作品は総体として、その芸術家の世界と呼ばれるものを表現する。ドラクロワの世界があるようにヴィクトル・ユゴーの世界があるわけだ。芸術的現実とはひとつの魂の表現手段なのだ。この事物たちあるいは芸術家の魂への共感によって、作品の異郷性は私たちの世界に統合される。他人の他性が共感によって近づきうる〈他我〉であるかぎり、事態はそのようになるのだ。

私たちはこうして、現代の絵画や詩の探究の意味を理解する。つまり現代の絵画や詩は、芸術的現実の異郷性を保存し、その現実から可視的な形態を従属させるこの魂を追放し、再現された対象たちから表現という従属的運命を除き去ろうとしているのだ。それゆえの、絵画における文学たる主題への宣戦であり、色と線の純然たる戯れへの執着であり——感覚にとって、再現された現実はそこに包まれた魂ゆえにではなくそれ自体で価値をもつが、この戯れはその感覚に向けられている——、世界のまとまりとは無縁な、対象間のそして対象の面や表面の間の照応であり、描かれた対象や対象の残骸のただなかに現実の対象をもち込んで、多様な現実のレベルを混合しようとする気遣いである。現実を世界の終末のなかで、そしてそれ自体において呈示しようとする意図はそこに共通している。

現代絵画の探究が示すリアリズムに対する抗議は、世界の終末という感情、そしてこの感情が可能にする表象の破壊から生じている。画家が自然に対して自由に振る舞うものだとしても、その自由が創造的な想像力とか画家の主観主義に発するものとされたのでは、自由の正当な意義が見定められたことにはならない。この主観主義は、それがヴィジョンであることを主張するのをやめるときにしか、真摯なものとはならないだろう。いかに逆説的に響こうと、絵画とは視覚との闘いなのである。絵画は一総体のなかに統合された諸存在を、光からもぎ取ろうとする。見つめるとは、いくつもの曲線を描き出す能力、諸要素が互いに集まってまとまる集合や、個別的なものがその性格を捨てながら現れる地平を描き出す能力なのだ。現代絵画において事物はもはや、まなざしがひとつの見晴らしとして得る普遍的秩序の要素として重要なのではない。あらゆるところで世界の連続性にひびわれが生じている。個別的なものが、存在するという裸の状態で浮き立っている。

このような絵画による物質の再現のうちに、この世界の変形——つまり裸にすること——がひときわ印象的に実現されている。事物の表層そのもので連続性が破断され、折れた線が好まれ、遠近法と事物の「実際の」プロポーションが無視されるといったことが、曲線の連続性に対する反抗を表している。何ものにもよらずそれ自体が重きをなす断片のような事物、塊、立体、面や三角形が、地平線のない空間から剝離して私たちの目に飛び込んでくる。そしてそれらの間には何のつなぎ目もない。単純で絶対的な、裸の要素、存在の膨らみ、あるいは腫れ物。こうして事物が私たち目がけて落下するとき、対象は物質的対象としての潜在力を発揮し、その物質性の絶頂ともいうべき状態に達する。これらの形態は、それ自体として捉えれば合理性も明るみもそなえているのだが、にもかかわらずタブローは、形の存在の即自態そのものを成就する。それは、対象ではなく名ではない何ものか、名づけえず、詩によってしか現れえない何ものかがある、そういう事実そのものの絶対性である。それは古典的な唯物論を培ってきた思考や精神に対立する物質とは、なんらの共通点をもたない物質性の概念である。物質の本質を汲み尽くしそれを可知的なものに変える機械的法則によって定義された物質は、現代芸術のいくつかの形態のうちにある物質性からはあたうかぎり遠ざかっている。この物質性は、濃厚で鈍いもの、粗いもの、ずっしりとしたもの、悲惨なものである。それは確かな内実と重さ、そして不条理をかかえ、粗暴な、しかも無情の現前だが、また同時に、慎ましく、裸で、そして醜くもある。ある使用に供される物質的対象は、ひとつの背景の部分をなし、そのことによって自身の裸を私たちの目から隠す形を纏っている。存在の物質性の発見は新たな質の発見ではなく、存在の不定形のうごめきの発見なのである。存在たちをすでにして私たちの「内部」に結びつける形の明るみの背後にあって――物質とは〈ある〉という事実そのものなのである。

2 実存者なき実存

あらゆる存在が、事物も人もことごとく無に帰したと想像してみよう。この無への回帰をあらゆる出来事の外に置くことはできないが、しかしこの無そのものはどうだろうか。たとえ無の夜や沈黙にすぎないとしても、何ごとかは起こっている。この「何ごとかが起こっている」の不確かさは、主語が不確かだということではなく、実詞に関係することではない。この不確かさは、行為のなし手が誰かよく判らないということではなく、非人称構文における三人称の代名詞のようなもの、いわばなし手をもたない無名の行為そのものの性格を示している。非人称で無名の、しかし鎮めがたい存在のこの「焼尽」、無の奥底でざわめきたてるこの焼尽を、私たちは〈ある〉という言葉で書き留める。〈ある〉は人称的形態をとるのを拒むという点において、「存在一般」である。

この概念は何らかの「存在者」——外的事物や内的世界——から借り受けたものではない。〈ある〉はじっさい、外在性と内面性をともに超越しており、その区別を不可能にしてしまう。存在の無名の流れが侵入し、人であれ事物であれあらゆる主語を沈めてしまうのだ。私たちは主体‐客体の区別をとおして実存者に近づくが、この区別は存在一般に手をつける省察の出発点とはなりえない。

光を絶対的に排除した状況にも経験という言葉が使えるとすれば、夜こそ〈ある〉の経験だということができるだろう。

事物の形が夜のなかに解け去るとき、一個の対象でもなく対象の質でもない夜の暗がりが、ひとつの現前のようにあたり一面に広がる。夜のなかで私たちはこの暗がりに釘づけにされ、もはや何ものにも関わっていない。しかし「何も……ない」というこの無は、純粋な虚無の無ではない。これやあれはもはやなく、「何か」はないのだ。だがこの遍き不在は、翻ってひとつの現前、絶対に避けることのできないひとつの現前なのである。この現前は、弁証法的に不在の対をなすものではなく、思考によって捉えられるものではない。それはじかに無媒介にそこにある。言説はない。私たちに答えるものは何もないが、この沈黙、この沈黙の声が聞こえ、パスカルの語る「この無限の空間の沈黙」のように私たちを脅かす。〈ある〉一般、何があるのかはどうでもよい。雨が降る(il pleut)とか暑い(il fait chaud)というのと同じように非人称の〈ある(il y a)〉というこの表現に、実詞を結びつけることはできない。〈ある〉は本質的な無名性だ。精神はこのとき、把握された外部に向き合っているのではない。外部――この表現にこだわるなら――は、内部とは何の連関もないままにある。それはもはや与えられたものではない。もはや世界ではない。自我と呼ばれるものそれ自体が、夜に沈み、夜によって浸蝕され、人称性を失い、窒息している。いっさいの事物の消滅と自我の消滅は、消滅しえないものへと、存在という事実そのものへと立ち戻らせる。この事実に、〈ひと〉(6)はいやおうなしに、いかなる自発性もなしに、無名のものとして融即するのだ。存在は、誰に属するということもないが普遍的で、存在を斥ける否定がいかに累乗されようとその都度否定のただなかに回帰する力の場のごときもの、重苦しい気配のようなものとしてあり続ける。

夜の広がりがあるが、それはもはや空虚な空間ではない。私たちを事物から区別し、私たちが事物に近づくのを可能にする透明さ、その透明さをとおしてまた事物は与えられるのだが、この空間はもはや透明さでもない。暗闇が中身であるかのように空間を満たしている。この中身は充満しているが、何もない虚無によって充満しているのだ。この夜の空間が連続性をもつと言うことができるだろうか。もちろんそれは途切れなく広がる。だが、夜の空間にある諸々の点は、照らされた空間のなかでのように相互に関連し合ってはいない。遠近法はなく、位置づけがないのだ。それは点のひしめきだ。

とはいえこの分析は、『ホフマン短編集』に登場するモッシュ・テルピン教授の、夜とは光の不在だ、という命題[7]を解説しようとするものではない。遠近法がないということは、純粋に否定的なことではない。この不在は危うさになる。とはいっても、暗闇に包まれた事物が私たちの予測をかすめ、その接近をあらかじめ推し量ることができなくなるということではない。危うさは、昼の世界の事物たちが夜に覆われたことから生ずるのではなく、まさしく何も近づかず、何も訪れず、何も脅かさないというそのことから生じてくる。つまり感覚のこの沈黙、この静寂、この虚無が、それだけで絶対的に、不確かなくぐもった脅威となるのだ。そしてこの脅威の不確かさが危うさを先鋭にしている。確定されたものはなく、何もかもが区別なしだ。この曖昧なもののなかに純然たる現前の脅威が、すなわち〈ある〉の脅威がくっきりと浮かび出る。この暗く漠たる侵入を前にして、自己の内に身を包むこと、おのれの殻のなかに引き籠もることは不可能だ。ひとはさらし出されている。いっさいが私たちに向かって開かれている。夜の空間は、私たちが存在へ接近するのに役立つのではなく、私たちを存在へと引き渡す。

それゆえ昼の世界の事物が、夜のなかで「闇の恐怖」の源泉となるのではない。まなざしも、闇のなかでは世界の事物の「予見しえない思惑」を窺い知ることはできないだろうから。むしろ逆に、昼の世界の事物の方が、この恐怖から幻想的な性格を借り受けてくる。暗闇はただ視覚に対して事物の輪郭を変えるだけでなく、事物を、事物自体がにじみ出させる無限定で無名の存在へとたち返らせる。

だから、白昼の夜といったものについて語ることができる。照らし出された対象たちが、黄昏の薄闇をとおしたように見えることがある。たとえば、長旅に疲れたあとで、旅人の見る捏造された架空の町のように。事物や人間たちは、もはやひとつの世界ではないかのように、自分たちの実存のカオスを泳ぐかのようにして私たちの目に達する。また、ランボーのような詩人たちが、ごく馴染みの事物やごくふつうの存在を名づけるときでさえ見られる、「幻想的な」、「幻惑的な」現実性がそうだ。幾人かの写実主義ないし自然主義の作家たちの誤解された芸術は、彼らの信条告白や序文に述べられたことに反して、やはり同じような効果を生み出している。そこに描かれたかの人々、かの物たちは、それ自身の厚さや、重さ、大きさによって恐ろしいまでに現前するみずからの「物質性」のうちに沈み込んでいる。ユイスマンスやゾラのいくつかのくだり、モーパッサンの短編の穏やかで微笑をたたえたおぞましさ、それらはときとしてそう思われているように、ただたんに現実の「忠実な」あるいは誇張した絵姿を表現しているだけではなく、光が啓示する形態の背後で、これら作家たちの唯物論哲学とは遠く隔たって、実存の小暗い基底をなすあの物質性に届いているのである。彼らの芸術は、夜をとおして事物を私たちの前に出現させる。不眠のさなかに私たちを息苦しくさせる単調な現前のように。

〈ある〉がふっと触れること、それが恐怖だ。私たちはすでに、諸々の対象をいれる容器としての機能や存在たちへの通路としての機能を捨て去った空間が、それ自体醸し出す不確定の脅威ででもあるかのように、〈ある〉が夜のなかに忍び込んでいることを指摘してきた。それを強調しておかねばならない。

意識であるということは、〈ある〉から引き離されているということだ。というのも、意識の実存が主体性を構成するのであり、意識は実存の主体、つまり一定程度で存在の主であり、夜の無名性のなかにあってすでに名前なのだから。恐怖は言ってみれば、意識からその「主体性」そのものを剝奪する運動なのである。それも、無意識の内に意識を鎮めることによってではなく、意識を非人称の〈目覚め〉のうちに、レヴィ＝ブリュールの言う〈融即〉のうちに、つき落とすことによって。

レヴィ＝ブリュールは、恐怖が主たる情動の役割を演じている実存を記述するためにこの融即という概念を導入したが[8]、この考えの新しさは、それまで、「聖なるもの」の惹き起こす諸感情の記述に用いられてきたさまざまなカテゴリーを打破したところにある。デュルケムにおいて聖なるものは、それが惹き起こす諸感情によって俗なる存在と際立った対比をなしているが、これらの感情は、依然としてある対象を前にした主体の感情の域を出ていない。そこでは主客二項それぞれの自己同一性は、問われていないように思われる。聖なる対象の感覚的な諸性質は、それが誘発する情動的な力やこの情動の本性とは何の共通点ももたないが、この不釣合や不一致は、この対象が「集団的表象」の担い手であるということで説明される。レヴィ＝ブリュールの考えはこれとはまったく違っている。プラトン的な類の分有（participation）とは根本的に区別された神秘的な融即（participation）において、主客両項の自己同一性は消滅する。両項は、それぞれの実体性そのものの根拠を脱ぎ捨てるのだ。ひとつの項と他の項との融即とは、何らかの属性を共有することではない。ひとつの項が他の項なのである。存在する主体に支配されていたおのおのの項の私的な（privée）実存は[9]、この私的な性格を失い、不分明な基底にたち帰る。一方の実存が他方を浸し尽くすと、そのこと自体によってもはやそれは一方の実存ではなくなる。こうした実存のうちに私たちは〈ある〉を認める。デュルケムにとって、未開宗教における聖なるものの非人称性は「いまだ」非人称の〈神〉であり、いつの日かそこから発達した宗教の〈神〉が生まれることになるが、それとはまったく反対に、この非人称性は神の出現を準備するものなど何ひとつない世界を描出しているのだ。〈ある〉の観念は私たちを〈神〉に導くのではなく、むしろ〈神〉の不在に、いっさいの存在者の不在に導く。未開人たちは絶対的に、〈啓示〉以前に、光の到来以前にいる。

恐怖はいかなる意味でも死の不安ではない。レヴィ゠ブリュールによれば、未開人たちは自然事象としての死に対して無関心な態度しか示さない。恐怖のなかでは、主体はみずからの主体性と私的に実存する能力を剝ぎ取られる。主体は非人格化されるのだ。実存感情としての「吐き気」[10]は、まだ非人格化ではない。それに対して恐怖は、主体の主体性、「存在者」としての個別性を覆してしまう。恐怖は〈ある〉への融即である。まったき否定のさなかに回帰する〈ある〉、「出口なき」〈ある〉への融即である。〈ある〉は、いってみれば、死の不可能性、実存の消滅のさなかにまでゆきわたる実存の普遍性なのだ。

殺すことも死ぬことも、存在からの出口を求めること、自由や否定が作用を及ぼす場所へと赴くことである。だが恐怖とは、この否定のただなかにそれでも何ひとつ変わらなかったかのようにして回帰する〈存在する〉という出来事だ。「殺人そのものより、その方がよほど奇怪だ[11]」とマクベスは言う。殺人がつくりだす無のなかで、存在は息苦しいまでに凝縮し、意識という「隠れ家」からほかならぬその意識を引きずり出す。死体とは恐怖を誘うものだ。死体はすでに身内に自身の亡霊を宿しており、みずからの回帰を告げている。戻りくるもの、亡霊は、恐怖の要素そのものなのだ。

夜は、なおもそれを満たしている対象たちに、亡霊じみた気配を与える。「殺人の刻限」、「悪行の刻限」、殺人や悪行もまた、超自然的な現実性の特徴を帯びている。悪行をなす者たちは、亡霊のような自分自身に脅える。このように、否定のなかに現前は回帰し、無名で不壊の実存からひとは逃亡できないということ、それがシェイクスピア悲劇の最深部をなすものだ。古代悲劇における宿命は、仮借（かしゃく）ない存在の宿命となる。

亡霊や物の怪や魔女たちは、ただたんにシェイクスピアが時代の求めに応じて登場させただけのものとか、使われた素材の残骸とかではない。彼らは、「大地の泡[12]」のように存在が無のなかに忍び込む両者の境界上を、融通無礙に移動する。「存在しないこと」[13]を前にしてハムレットは尻ごみするが、それは彼が、「存在しないこと」のうちに存在の回帰を予感しているからだ(「死んで眠って——眠ればおそらく夢もみよう」)。マクベスのなかの、ヴァンクォーの亡霊の出現もまた、実存の「出口なし」の決定的な体験、実存を追い出したその裂け目から実存がふたたび亡霊のように回帰するその体験である。「いつだって脳天を割られて人が生きていたためしはない。それでおしまいだ、それが、今……生き返って、人を椅子から押し退ける。殺人そのものより、そのほうがよほど奇怪だ。」「それでおしまいだ」はありえない。恐怖は危険から生まれるのではない。「人間のすることなら、何でもしてみせるぞ、たとえどのような姿で現れようと、おおさ、毛むくじゃらのロシアの熊、……でも何でも、このたくましい筋肉、びくりとでもするものか……。行ってしまえ、人をおびやかす影法師、ありもしない幻、ええい、行ってしまえ。」[14]……マクベスをおののかせるのは、存在の影、すなわち、無のなかにくっきりと浮かび出る存在なのだ。

〈ある〉の体験としての夜の恐怖は、それゆえ、死の危険や苦痛に出会う危険があることを私たちに啓示しているのではない。ここがこの分析全体の核心である。ハイデガーの不安が見出す純粋な無は、〈ある〉ではない。存在の恐怖は無の不安に対立する。存在するのが怖いのであって、存在にとって怖いのではない。任意の「何か」ではない何ものかに引き渡され、それに捕らえられていることの恐怖なのだ。最初の陽の光によって夜が霧散すると、夜の恐怖はもはや定かではなくなる。その「何か」は、何ものでもない「無」に見えてしまう。

恐怖は永続的な現実への、「出口なしの」実存への、断罪を執行する。「天も、宇宙全体も、わたしの先祖にみちみちている。／どこに身を隠そう？　地獄の闇に逃れようか。／いえ、なにを愚かな。あそこでは父上が裁きの壺をささげている[15]」。フェードルは、死が不可能なことを悟り、充満した宇宙のなかにある自分の存在の永遠の責任を見出す。この宇宙に抜きさしならず巻き込まれているフェードルの実存には、もはや私的なものは何ひとつ残されていない。

こうして私たちは、夜の恐怖、「闇の沈黙と恐怖」を、ハイデガーの不安に対置する。つまり存在への恐れを無への恐れに。ハイデガーにおける不安が、何らかのかたちで把握され了解された「死への存在」を成就するのに対し、「出口なし」、「答えなし」の夜の恐怖は仮借ない実存なのである。「ああ、明日もまた生きねばならぬのか」、無限の今日に内包された明日。不死性の恐怖、実存のドラマの永続性、その重荷を永遠に引き受けねばならないという定め。(原注1)

『創造的進化』の最後の章でベルクソンは、無の概念が、抹消した存在の観念に等しいことを示しているが、そのとき彼は、私たちを〈ある〉の概念に導いてゆくのと同じような状況をかいま見ていたのだと思われる。

ベルクソンによると、否定は、ある存在を除去することで別の存在を思考する精神の運動として積極的な意味をもっている。しかし否定は存在の全体に適用されると、もはや意味をもたないことになる。存在の全体を否定するとは、意識がある種の暗闇に沈みこむことだが、そこでも意識は、少なくともこの闇の作用として、この闇の意識として残存している。したがって全面的否定はありえない。無を思考することは錯覚なのだ。しかしながらベルクソンの無の批判がめざしているのは、存在者の必然性、つまり実存する「何か」の必然性の証明である。彼はその批判全般にわたって、存在をひとつの「存在者」のように扱い、結局残留する一存在者にたどりつく。存在のなかのほの明かりがことごとく消えて意識が沈みこむその闇も、同様に内容として理解されている。それがあらゆる内容の否定によって得られた内容だということは考慮されないままである。だがその点こそこの状況の独自性なのだ。不在の現前としての闇は、純然と現前する内容ではない。「何か」が残存しているのではなく、現前の気配があるのだ。それはもちろん事後的にはひとつの内容と見えるかもしれないが、もともとは非人称的で非実体的な、夜とそして〈ある〉の出来事なのだ。それは空虚の密度のようなもの、沈黙のつぶやきのようなものである。何もない、けれどなにがしかの存在が力の場のようにしてある。闇は、たとえ何もないとしても作用するだろう実存の働きそのものなのだ。私たちが〈ある〉という用語を導入したのは、まさしくこの逆説的な状況を表現するためである。密度を付与された、あるいは実存の息づかいによって捉えられた、あるいは力の場に置かれた、対象とは同一化されないこの存在‐密度、気配、場に、私たちは重ねて注意を喚起したいと思う。空虚そのものの、あらゆる存在の空虚の、あるいは空虚の空虚の――こうして否定の乗数をいくら高めても残存する、空虚の実存的密度に。否定は、諸々の対象の構造と組成としての存在には及ばないのだ。私たちが想定した極限状況のなかでみずからを表明しそこを領するもの、そして夜と悲劇のなかで私たちが接近するものは、非人称の場としての存在、所有者も主人ももたない場であり、そこでは、否定も無化も無も、肯定や創造や生存と同じように出来事、ただし非人称の出来事なのである。不在の現前としての〈ある〉は矛盾を超え出ている。〈ある〉はその反対物をも包摂し支配する。この意味で存在には出口がないのだ。

現代哲学において、死の観念や死を前にしての不安の観念は、ベルクソンによる無の批判に対立していたといえる。無の思考を「現実化」することは、無を見ることではなく、死ぬことである。死としての、そして死に対する態度としての存在の否定は、無感動な思考とは別のものなのだ。しかしそこでもまた、無は〈ある〉の普遍性を見誤ったままである。〈ある〉とは無関係に思考されている。不在の現前の弁証法的性格は気づかれないままである。ひとは無によって限定された一内容としての存在から出発する。無はなお、存在の終わりであり限界として、四方八方から存在を打ちつける大洋として考えられている。まさしく問わねばならないのは、〈無〉を存在の限界ないし否定として考えることはできないが、それは間隔あるいは中断として考えることはできるのではないか、意識はその眠りの能力、中止の、〈エポケー〉の能力によって、この無すなわち間隔の場なのではないか、ということである。(原注2)

原注

（1）モーリス・ブランショの『謎の男トマ』は、〈ある〉の描写から始まる（とくに第二章、一三―一六ページ参照）。不在の現前、夜、夜のさなかへの主体の溶解、存在の恐怖、あらゆる否定の運動のさなかでの存在の回帰、非現実の現実性などは、そこにみごとな表現を得ている。

（2）この節は、多少の変更を加え、序章の一部を付して「ドゥーカリオン」一号に、「ある」というタイトルで発表された。

訳注

（1）ベルクソンにとって「イメージ」とは「感官を開けば知覚され、閉ざせば知覚されない」、「見られる点からいうと物質のような、触れられない点からいうと精神のような」もの、いいかえればごく常識的な具体的経験のなかで物質が与えられるその様態ともいうべきものである。『物質と記憶』の冒頭で、ベルクソンは次のように述べている。「物質とはわれわれにとってイメージの総体である。イメージという言葉によってわれわれが理解するのは、観念論者が表象と呼ぶものよりは多く、実在論者が物と呼ぶものよりは少ないある種の存在――物と表象との中間に位置している存在――である。」

（2）〈désintéressement〉利害＝関心（intérêt）を離脱すること、具体的には欲得を離れて公正なこと、ないしは無関心を意味する。この概念はカント以来、趣味判断の基本的カテゴリーとなっており、カント哲学では通常「無関心」と訳されている。カントは、趣味判断は認識判断ではなく、対象の実際的存在（実存）に結びついた適意（満足）を「関心」と呼ぶなら、善に関する満足も「関心」と結びついているが、趣味判断は「関心」には関わりなく、むしろ「関心」は趣味判断を損ないその公正を滅却するものであって、美に関する満足は無関心的でかつ自由である、と述べている（『判断力批判』第一部第一編）。「世界」訳注（1）に触れた、文学を社会道徳善導の具としようとする傾向に対して「役に立つものはすべて醜く、役に立たないものだけが美しい」と断言して「芸術のための芸術」を唱えたテオフィル・ゴーチエの主張は、カントのこの見解に照応する。またこの語はラテン語源に従って〈dés-inter-esse-ment〉と分節化されるが、ラテン語の〈esse〉は〈être〉「存在（する）」にあたるから、「関心をもつこと」〈intéressement〉とは「存在の内に入ること」、ひいては存在に執着し存続への顧慮にとらわれることにほかならず、その否定「無関心＝没利害」とは存在への執着を離脱することを意味することになる。レヴィナスはそう読み込んで、芸術の基本的カテゴリーでもある「無関心＝没利害」を〈indifférence〉「無関心（差異のうちにとどまること）」（「第二版への序文」一二ページ参照）と区別し、のちにほかならぬ「存在するとは別の仕方で」や「真理に先立つ正義」の基本原理としている。

（3）〈aisthesis〉ギリシャ語で感覚のこと。アリストテレスによれば「アイステーシス」と「ノエーシス」（思考）とが「プシケー」（心）の存在様態である。〈esthétique〉（美的、美学）はここから派生。

（4）〈élément〉は、一般に、ある全体の構成要素をさす。古代哲学では、自然界を構成するもとと考えられた基本要素（土、水、火、空気）をさしていた。この基本要素は、物質構成の単元というより環界とか場というに近い。ここでもそうした基本的な場（境位）といった意。この「非人称」のエレメントが〈ある〉を想起させることはいうまでもない。

（5）オイゲン・フィンク（一九〇五―七五）「表象とイメージ」。ハイデガーの後任としてフッサールの助手をつとめ、ニーチェに触発されて、「宇宙的シンボルとしての遊戯」を手がかりに存在論的分析を展開した。

（6）〈on〉だれでもない不特定の「ひと」を指す。いいかえれば非人称化ないし非個性化した「ひと」でありハイデガーが、日常的な相互共存性のなかで中性化し均質化しだれでもないものとなった非本来的自己として術語化した中性の〈das Man〉の訳語でもある（日本語では「世人」とも訳される）。ここではレヴィナスは、主体が本質的な無名性としての〈ある〉に融即した状態を指してこの語を用いているが、そのことは〈ある〉がたんにある種の極限状態において体験されるものではなく、ハイデガーとはまたちがった意味あいでとらえられた日常性と深く関わるものであることを示唆している。

（7）E・T・A・ホフマン（一七七六―一八二二）『ちびのツァッヒェスまたの俗称をツ

イノーバー』参照。

（8）〈participation〉フランスの社会学者リュシアン・レヴィ＝ブリュール（一八五七—一九三九）の用いた概念で、「未開人」が自分をトーテムであると考える場合のように、異なる存在が自然の神秘的共同性によって結ばれており同一の存在であるとみなすような思惟様式を指す。またレヴィナスは「レヴィ＝ブリュールと現代哲学」（一九五七）という論文のなかで、「諸存在が与えられ、それらが実在するためには、すでに融即がなければならない。融即はたんに諸存在の神秘的で不可解な融合であるだけではない。諸存在は融即によってその自同性を喪失すると同時に維持するのである」というレヴィ＝ブリュールの文を引用して、この語の意義をどこに読み取っているかを示唆している（合田正人の教示による）。

〈participation〉は通常「分かちもつこと」「与かること」あるいは「参加」といった意味で用いられるが、哲学ではプラトン以来、経験的世界の事象（感覚的事象）が上位の世界（知性界）に与かり、最終的にはそれらすべての源である最高存在（イデア）に与かっているということを表すために用いられ、通常は「分有」と訳される。たとえば「美そのもの以外の美しいものはすべて至上の美を分有している」（『饗宴』）というふうに。これをレヴィ＝ブリュールが「未開人」の心性の記述に「ほかに適当な用語もないので」と断って転用した。

（9）この語〈privée〉は強調されている。これはたんに「個的」であることを意味するのではなく、「公的」に対する「私的」の含意にも通ずる〈chez soi〉に結びついている。レヴィナスの言う人称的主体は存在からの「隠れ家」であり、主体と対象との関係は主体によって「内面化」されており、主体はその内面(とそれに準拠した外在的世界)を「自分のうち」〈chez soi〉として「支配」している。「世界」訳注(8)参照。それが「私的な実存」であり、恐怖はこの「私的」に実存する権能を奪い去って、「ひと」を裸の存在にさらし出す。

(10)「吐き気 (la nausée)」、およびその後の「出口なし (sans issu)」は共にサルトルの作品『嘔吐』(一九三八)、『出口なし (Huis clos)』(一九四五)を念頭においた表現と思われる。

(11) シェイクスピア『マクベス』第三幕第四場。福田恆存訳による。

(12) 同右、第一幕第三場。「大地の泡」と言われているのは、マクベスに予言を与える魔女たち。

(13) 〈ne pas être〉つまり〈To be or not to be.〉の〈not to be〉、ハムレットの有名なせりふ(『ハムレット』第三幕第一場)。次の引用も同じ。

(14)『マクベス』第三幕第四場。ヴァンクォーの亡霊を見たマクベスの妄言。

(15) ラシーヌ『フェードル』第四幕第六場。二宮フサ訳による。

実詞化

1 不眠

あたりいちめんに広がる避けようもない無名の実存のざわめきは、引き裂こうにも引き裂けない。そのことはとりわけ、眠りが私たちの求めをかすめて逃れ去るそんな時に明らかになる。もはや夜通し見張るべきものなどないときに、目醒めている理由など何もないのに夜通し眠らずにいる。すると、現前という裸の事実が圧迫する。ひとには存在の義務がある、存在する義務があるのだと。ひとはあらゆる対象やあらゆる内容から離脱してはいるが、それでも現前がある。無の背後に浮かび上がるこの現前は、一個の存在でもなければ空を切る意識の作用のなせるものでもなく、事物や意識をともどもに抱擁する〈ある〉という普遍の事実なのだ。

諸々の対象——内的であれ外的であれ——に向けられる〈注意〉と、不可避の存在のざわめきに吸い込まれてゆく夜の〈警戒〉との違いはさらに大きい。自我は、存在の宿命によって運び去られる。もはや外も内もない。警戒には対象というものがまったくない。しかし、だからといってそれが無の体験だということにはならない。ただ、警戒にもまた夜と同じように名前がない。注意は、まなざしを方向づける自我の自由を前提としているが、私たちの眼を閉じさせない不眠の警戒には主体がない。それは、不在のとり残した空虚に現前が——何かではなくある現前が——たち戻ることであり、否定のさなかでの〈ある〉の目醒めなのだ。それは、存在するという営みを倦むことなく続ける存在の確実性であり、存在そのものの不眠なのだ。思考する主体の意識は、消失したり、眠ったり、無意識であったりする能力をもつことで、まさにこの無名の存在の不眠を断ち切るものであり、「中断する」可能性、かのコリュバスの義務(1)を免れる可能性、そしてみずからの内に存在から引き籠もるための避難所をもつ可能性であり、さらにはまた、ペーネロペーのように、昼の間監視のなかで織りあげたものを解きほぐすため、自分だけの夜をもつことなのである。(2)〈ある〉という存在の働きは、忘却をとおして作動するのでもなければ、眠りのなかに夢がはまり込むように嚙み合っているのでもない。〈ある〉という出来事はまさしく、眠りが不可能だということ——諸々の可能性に対する妨害としての不可能性——、くつろぎやまどろみや放心が不可能だということのうちに起こっているのだ。この不在のなかの現前の回帰は、潮の満ち干のようにはっきりした瞬間に起こるわけではない。暗闇にひしめく点の群に遠近法がないように、〈ある〉にはリズムがない。瞬間が存在のなかに不意に現れるためには、そして存在の永続性のごときこの不眠が止むためには、主体の定位が必要なのだろう。

こうして私たちは、〈ある〉という非人称的な出来事のなかに、意識の概念ではなく、意識が融即する〈目醒め〉の概念を導入する。それでも意識は、ほかでもないただそこに融即するだけだということで意識として自己表明してはいる。意識は目醒めの一部なのだ。つまり意識はすでに目醒めを引き裂いている。意識とはまさしく、私たちが不眠のなかでみずからを非人称化しながら到達するあの存在、おのれを失うこともなく、欺かれることも、おのれを忘れることもない、あえて言ってみるならすっかり酔い醒めした、あの存在から身を避ける避難所なのだ。

夜の目醒めは無名である。不眠のうちには、夜に対する*私*の警戒があるのではなく、目醒めているのは夜自身なのだ。〈それ〉(3)が目醒めている。この無名の目醒めにおいて私は存在にくまなく曝されているのだが、この目醒めのなかで、私の不眠を満たしているあらゆる思考は何ものでもない無に宙吊りになっている。その思考には支えがない。いってみれば私は、ある無名の思考の主体であるよりはむしろその対象なのだ。もちろん、私は少なくとも対象であるという体験をし、またさらにこの無名の警戒を意識する。しかし、私がそれを意識するのはある運動においてであり、その運動によって自我はすでに無名性から離脱しており、またその運動のなかで、非人称的な警戒という限界状況は、それを放棄するある意識の還流のうちに反映されている。この非人称化の体験は、その諸条件を反省によって損ってしまう前に、充分強調しておかなければならない。

無名の警戒の宣明は、すでに自我を前提としている「現象」を超えており、そのため記述的な現象学によっては捉えることができない。記述はここで、まさしくこの記述が克服しようとしている内実を、含みもつ用語を用いることになり、「人物」たちを登場させる。ところが、〈ある〉とはこの人物たちの霧散なのだ。このことは、思考を直観の彼方へとさし招くひとつの方法の手掛かりである。

私たちは、多かれ少なかれこの限界状況の間近にいることがある。妄想にうなされて目醒めるようなとき、また狂気のある種の逆説状況のなかで、不眠がそこへと沈んでゆくこの非人称的な「意識」をふととらえることができる。この異様な状態を物語ることができないという宿命は、それが私に訪れる場合でも、その状態の主体としての私に訪れるのではないという事実に起因している。この状態が私に起こっているのだと私が思うことができ、そこにある主体を認めることができるそのときには、不快や苦しみが相変わらず続いていようとも、この状態の締めつけはすでに緩んでいる。意識のない状態とは正反対の非人称性、それは主人の不在に、誰にも属さない存在に由来している。それゆえ不眠は、実詞のカテゴリーとの断絶がただたんにいっさいの対象の消滅であるばかりでなく、主体の衰滅でもあるような一状態に私たちを陥れる。だとしたら、主体はいかにして出来するのか？

2　定　位

a　意識と無意識

意識は、〈ある〉を忘れ〈ある〉を中断する可能性、つまり眠りの可能性によって、〈ある〉ときわだった対照をなして現れた。意識はひとつの存在様態だが、存在を引き受けながらも躊躇するそのためらいそのものである。したがって意識は、折り返した

〈ひだ〉の次元をもっている。聖書のなかで、叶わぬ逃亡の主人公として虚無と死を祈願するヨナは、荒れ狂う暴風雨のさなかで、逃亡の試みの挫折とみずからの使命の逃れ難さを悟ったとき、船倉に下りて眠りにつく。

おかしいのは、意識を無意識によって規定することである。意識と無意識とを混同することはできない。だが意識という出来事は、無意識とただたんに対立物として関わっているだけではない。意識は無意識と対立しているが、この対立によって成り立っているのではなく、むしろこの隣り合い、自分の対立物との通い合いによって成り立っている。つまり意識は、その飛躍自体のうちで倦み疲れ、中途で跡絶え、自分自身に逆らう手段に訴えるのだ。意識はその志向性そのもののうちで、みずからを秘められた深奥に穿たれた出口のように、ジュール・ロマンの詩人ヴォルジュが(4)「内から逃げ出す」能力と呼んだかの力のように描き出す。意識はけっして囲い壁の足元にいるのではない。

意識がこのように無意識へと後退すること、あるいは無意識の底から意識が出てくることは、別々に起こる事態ではない。思考するという活動においてさえ、背後の底意が虫の羽音のようにざわめいている。それは見ることと見ないことからなっている目配せの瞬きのようなものだ。すでに私たちが〈現在〉を構成する〈努力〉のところで示してきたように、現在は現在の背後にある。現在はその単純な動きのうちで、自分自身に対する遅れをとり戻し、また後退を、跳ね返りを遂行しているのだ。

一方、意識が卵のように抱く無意識、こちらは志向ではない。かりにそれが志向だとすれば、無意識はより広大な合目的性の体系に統合され、明るい世界とあらゆる点において同一の闇の世界が、夜の帳(とばり)の下に存続しているかのように、世界に向けられた志向の真摯さそのものを延長することになってしまうだろう。底意とは、思考と同じ資格を約束され思考に昇格するのを待っている未生の思考ではない。そして意識が無意識に関わるその関わり方は、志向ではない。意識はそれ自身の明るみのうちにさえある失神のような状態をとおして無意識に関わっている。そしてこの関わり方が、光の産出そのものに瞬くきらめきとしての性格を与えているのだ。

b ここ

観念論のために、私たちが空間の外に置くことに慣れてしまったもの——失墜や頽落の結果としてではなく本質的に——、それが〈ここ〉という考えである。デカルト的懐疑から締め出された身体、それは対象としての身体である。〈コギト〉は非人称的な位置にまでは達しない。「思考がある」、がそれは一人称の現在形においてのこと、つまり「私は思考する一個のものである」ということだ。この〈もの〉という言葉はここではみごとなまでに厳密である。デカルト的コギトのもっとも深い教えは、まさしく思考を実体として、つまり何か措定されたものとして見出したことにある。思考には出発点がある。それはただたんに局所化の意識ということではなく、意識の局所化であり、こちらの方は意識や知に解消されることはない。それは知とははっきり違う何か、ひとつの条件である。知についての知もまた同様に〈ここ〉であり、それはいうなればある物質的な厚みから、隆起から、頭部から出てくる。思考は瞬時にして世界に広がりもするが、〈ここ〉に凝集する可能性を保持しており、けっして〈ここ〉から切り離せない。意識とはまさしく、非人称的で跡絶えることのない「永遠の真理」のおのずからの表明が、たんなるひとつの思考となりうること、つまり眠りのない永続的なこの表明が、にもかかわらず、ひとつの頭のなかで始まったり終わったり、灯ったり消えたりして、おのれ自身から逃れうる——頭が肩のうえに落ち、ひとは眠る——という事実なのである。

眠りの可能性は、思考の行使そのものによってすでに与えられている。この可能性は、まずはじめに思考であってしかる後に〈ここ〉であるのではない。それは、思考として

〈ここ〉なのであり、すでに永遠性と普遍性から守られたところにある。それは空間を前提としない局所化だ。この局所化は、客観性とはあらゆる意味で対立している。それは、ヘーゲルの『精神現象学』の開始を告げるかの弁証法のなかで、〈ここ〉を捉えるであろうような背後の思考、そして客観的な〈ここ〉である背後の思考を前提としてはいない。意識の局所化が主観的なものだということではなく、それが主体の主体化なのである。意識の瞬き、〈充溢〉のなかでのその〈ひだ〉、それは客観的空間にはいっさい準拠しない局所化と眠りという現象そのものなのであり、この現象はまさしく、出来事のない出来事、内的な出来事なのである。眠りとしての無意識は、生のかげで活動している新たな生ではない。それは関与しないことによる、つまり横になるという基本的事実による、生への関与なのである。

c 眠りと場所

では、眠りとはいったい何なのか。眠るとは心理的身体的活動を中断することである。しかし、抽象的存在は空中を漂うだけで、この中断のための必須条件、つまり場所を欠いている。眠りへの誘いは、横たわるという行為のうちに生まれる。横たわる、それはまさしく実存を場所に、位置に限定することである。

場所とは、どこでもよい「どこか」ではなく、ひとつの土台、ひとつの条件である。もちろん、私たちは通常、どこであれ置かれた身体の位置取りとして自分たちの〈局所化〉を了解している。それは、私たちが眠りのなかで保っている場所との積極的な関係が、私たちの事物との関係によって覆い隠されているからである。そうすると、ただ環境や背景からの具体的な規定性や、習慣や歴史による結びつきだけが、場所に個別的な性格を与え、その場所を〈わが家〉、故郷の町、祖国、世界等々と化すことになる。そのような状況から切り離されると、局所化は一般に、無限の空間のなかの星のように、抽象的な延長のなかの現前になってしまう。〈眠り〉は、土台としての場所との関係を復元する。横たわり、片隅に身を丸めて眠るとき、私たちはひとつの場所に身を委ねる——そしてこの場所が、土台として私たちの避難所となる。そのとき、存在するという私たちの営みはただ休むことだけになる。眠ること、それはいわば〈場所〉のもつ庇護の功徳に触れることであり、眠りを求めることは、ある種の手探りによってこの接触を求めることである。目醒める者は、自分が殻のなかの卵のように身動きできないでいることにふと気づく。こうして土台に身を任せること、それは同時に避難所を得ることでもあるが、それが眠りなのであり、この眠りによって存在は、破滅することなく中断されるのだ。

意識は、この休息から、この〈定位〉[5]から、比類ないこの場所との関係からやってくる。定位は、意識が決定する行為のようにして意識に付加されるものではない。意識が意識自身に訪れるのは、定位ということから、つまり不動性からである。意識とは存在への関わり合いだが、それはまさしく眠りという関わり合わないことのうちにとどまるものである。意識は土台を、場所を「もっている」。それは、邪魔にならない唯一の所有、意識がここに在るという条件である所有だ。意識がここに在るということはしかし意識的な事実ではなく、意識の定位〔位置どり〕である。大地との接触のことを言っているのではない。大地を支えにするということは、接触の感覚以上のもの、土台の認識以上のことである。ここで認識の「対象」となっているものは、主体に向き合っているのではなく、むしろ主体を支えているのであり、主体が主体として措定されるのは、土台の上に身を支えるその事実によってなのだと言っていい。

定位のアンチ・テーゼは、宙に浮いた主体の自由ではなく、主体の破壊、実詞化の崩壊である。それは情動のうちに兆している。情動とは、動揺させるものだ。衝撃としての情動から出発して情動一般を均衡の破綻ととらえる心理主義心理学は、この点で——言葉づかいこそ初歩的だが——現象学的な分析に比してより忠実に、情緒性の真の性質をとらえているように思われる。現象学的分析は、何はともあれ情緒性に了解の、したがって把握の性格を残し（ハイデガー）、情動的体験や新たな特性をまとった対象について語る（フッサール、シェーラー）からである。情動は、実在そのものではなく主体の主体性を問題にする。それは、主体が凝集すること、反応すること、何ものかであることを妨げるのだ。主体における積極的＝定立的なものは、いずこともなく崩れ落ちる。情動とは、土台を失いながら身を持する様態である。情動とは、その根底においては情動そのもののうちに忍び込む眩暈であり、空虚の上にいるという事実である。形の世界は底無しの淵のように口を開ける。コスモスは破裂し、カオスが、すなわち深淵が、場所の不在が、〈ある〉が、あんぐりと口をあけるのだ。

意識の〈ここ〉——意識の眠りと、自己のうちへの逃亡の場所——は、ハイデガーの〈ダーザイン〔現存在〕〉に含まれる〈ダー〔現・そこ〕〉とは根本的に異なっている。[6] ハイデガーのダーザインは、すでに世界を巻き込んでいる。だが私たちの出発点となっている〈ここ〉、定位の〈ここ〉は、いっさいの了解、いっさいの地平や時間に先立っている。それは、意識が起源であるという事実そのもの、意識が意識自身から発しており、意識が〈実存者〉だという事実である。意識は、その生そのものにおいて、つねにみずからの定位から、すなわち土台とのあらかじめの「関係」、意識が眠りのなかで排他的に結びつく場所とのあらかじめの「関係」からやって来る。土台の上に身を置くことで、存在を抱え込んだ主体は凝集し、立ち上り、自分に詰め込まれたいっさいのものの主人となる。そしてそのときの〈ここ〉が、主体の出発点となるのだ。主体はその上に根づく。意識の内容はみな〈状態〉である。主体としての意識にとって主体の不動性、その定着性は、観念的空間の何らかの座標への不変の準拠によるものではなく、意識の〈立ち止り〉つまり、自分自身にしか準拠しない意識の定位という出来事、定着性一般の起源——始まりという概念自体の始まり——であるこの出来事に由来している。

場所は、ひとつの地理的空間であるより前に、ハイデガー的世界の具体的な雰囲気であるより前に、ひとつの土台である。それゆえに身体とは、意識の出来そのものなのだ。いかなる意味でも身体は〈もの〉ではない。それはただ、この身体に魂が住み着いているからというだけでなく、身体の存在が実体的なものの次元ではなく出来事の次元に属しているからである。身体が定位されるのではなく、身体そのものが〈定位〉なのだ。

身体はあらかじめ与えられた空間のなかに位置を占めるのではなく——それは、局所化＝位置取りということ自体によって無名の存在のなかに不意に生じる侵入なのである。身体の外的体験より以上に、体感に関する自己の内部の体験を強調すると、この出来事は説明できない。[7]

体感は諸々の感覚から、つまり基礎的な情報からなっている。身体は私たちの所有物だが、所有の絆は最終的には経験と知識の総体に解消される。だが身体の物質性は、物質性の〈体験〉であり続ける。ひとはこう言いもするだろう。体感は認識以上のものだ、内的な感受性のうちには自己同一化にまでいたる親密さがある、つまり、私は私の苦悩であり、私の呼吸であり、私の諸々の器官なのだ、私はたんにひとつの身体をもっているのではなく、私が一個の身体なのだ、と。しかし、そういう言い方のなかでもやはり、身体は一存在、一実体、つまるところ局所化の一手段であって、人間が実存に関わり合い、自己を定位するその仕方ではない。身体を出来事として把握するということは、身体が定位の手段とか象徴あるいは徴候とかではなく、定位そのものなのだということ、そして身体のうちで出来事から存在への脱皮が果たされるのだということを意味している。

もちろん、身体は物質の塊より以上のものとして受け取られていた。身体は魂を住まわせ、その魂を表現する能力をもっていた。身体はそれなりに表情をもちえたし、それなりに表情豊かな部分をもっていた。顔や、魂の鏡といわれる眼は、すぐれて表情の器官である。しかし、身体の精神性は、内面を表出するこのような能力のうちにあるのではない。身体はその定位によって、内面性すべての条件を達成する。身体は出来事を表現するのではなく、身体そのものが出来事なのだ。それが、ロダンの彫刻から受けるもっとも強い印象のひとつである。彼の彫刻の人物たちは、けっして型にはまった抽象的な台座に置かれてはいない。彼の彫像が遂行している出来事は、その彫像とひとつの魂——彫像が表現しているのかもしれない知識ないし思考——との関係のうちにあるというより、はるかにその土台との関係のうちに宿っている。

d　現在と実詞化

定位によって、意識は眠りに融即する。休息できること、自己のうちに籠もりうることとは、土台に身を委ねうること、横たわりうることである。この可能性は、意識が局所化されているかぎり、意識のうちに含まれている。〈眠り〉、充溢のなかの〈ひだ〉である眠りは、意識のうちで定位として遂行される。だが定位は、現在としての瞬間の出来事そのものである。

時間のなかで現在に近づこうとすると、古くからの哲学の伝統に従って、現在は存在の漸消（ぜんしょう）そのものとして現れる。

しかし、現在の漸消は、主体が無名の存在のなかに出現し、時間を受け容れるようになる唯一の可能性なのではないかと問うてみることができる。現在を所有することが不可能なのは、現在の漸消だけが所有それ自体を可能にするという事実に由来しているのではないか、と問うてみることができる。実際、時間の瞬間は、産み出されるに際して、踏破すべきものとしてある無限の系列からやってくるのではなく、この系列に無関心な態度を示すだけなのかもしれない。瞬間は、ゴルディアスの結び目(8)を解くのではなく、それを断ち切るのかもしれない。それ自身から発して存在すること。存在の瞬間にとってのこのようなあり方、それが現在であるということなのだ。現在とは歴史を知らないことだ。現在のうちで、時間ないし永遠の無限性は中断され、そして再開される。したがって現在とは、ただ存在一般だけがあるのではなく、ひとつの存在が、ひとつの主体があるような、存在における一状況なのである。

なぜなら、現在は自己にのみ準拠し、自己に発し、未来に抗うものだからである。その漸消、その自失は、現在の概念のうちに含まれている。もし現在が持続するなら、現在は受け継がれることだろう。現在は自分の存在を、自己自身からではなくすでに遺産のうちから引き出していたことになるだろう。だから現在はいかなる継続性ももちえない。現在の漸消は、その主体性の、つまり存在するという純粋な出来事のさなかに起こる出来事から実詞への転換の、すなわち〈イポスターズ＝実詞化〉の、代価なのである。時間それ自体は、いかなる実詞化も受けつけない。時間を説明するのに使われる流れや流動のイメージは、時間のなかにある諸々の存在にあてはまっても、時間そのものにはあてはまらない。時間は大河のようには流れない。しかし現在は、瞬間に名を与えてそれを実詞として思考しうるような、例外的な状況をつくり出すのだ。それも言語の濫用によってなどではなく、存在論的な転換、ある本質的な両義性の力によって。瞬間の「停止」は、不動化された時間のある延長――科学的な心理学が背後からその持続を測定しうるような――として求められるべきものではない。現在が停止なのだ。というのは、それが止められているからではなく、現在が自己から発してそこへと訪れる持続を、現在自身が中断し、結び直しているからである。現在はひたすら時間のなかで考察されるが、その時間のなかでの漸消にもかかわらず、というよりむしろその漸消のために、現在とはひとつの主体の成就なのである。現在は、それ自身が捉えられている持続から際立っている。

e　現在と時間

近代の哲学は、瞬間に対する軽蔑を説いている。瞬間のうちに、いっさいの活力と生成を剝ぎ取られた科学的時間の幻影だけを見ているのだ。この哲学にとって、瞬間は二つの時間の境界に純粋な抽象として存在するだけのように見える。現実は、つねに未来を向き未来に重なってゆく、持続の具体的な飛躍によって作られるというのだ。瞬間に対するこの中傷のもとになっている考え方は、瞬間がそれ自体では大きさをもたず、持続をもたず、またそれ自体持続でもない、ということに要約される。もし、ほんとうに瞬間が時間との関係で了解されるべきものであり、時間と実存との関係がおのずから明らかであるとするなら、この考え方も正当と認められるだろう。

たしかに哲学は、その歴史全体を通じて、瞬間を時間に基づいて理解してきた。なにも哲学が、俗説のように瞬間を合成して時間ができると思い込んできたわけではない。

プラトンもアリストテレスも、ましてやアムランやベルクソンやハイデガーも、そんな過ちは犯さなかった。しかし、瞬間が間隔の弁証法的補完物として捉えられるにせよ、持続の側面からの眺めとして捉えられるにせよ、すでに過去の重みにたわんでいる未来に向けての飛躍のうちに立ち現れるものとして捉えられるにせよ、近代哲学全般において、瞬間はその意味を時間の弁証法から借り受けており、それ自身の弁証法をもってはいなかった。瞬間は、それぞれの理論によって異なるとはいえ、いずれにせよ時間に付与されたもの以外の存在論的機能をもってはいなかった。

一方で、時間と実存との関係は、あらゆる哲学をとおして（とはいっても、まさにその問題を提起したハイデガーは別として）もっと明瞭でもっと単純なように思われる。時間の延長は実存そのものの延長としてあらわれる。持続性は実存の上位の形態である。たしかに、時間が及ばない永遠は、持続性のさらに彼方に位置している。だがこの永遠の優越性は、まさに時間がそれに及ばないということからきている。永遠の力は、それが時間の破壊作用に対して示す抵抗によって定義されるのだ。とはいえ、時間の破壊作用から保護された永遠は、持続するもの、耐久性のあるものを紡ぐ糸としての時間に似ていないわけではない。実存が同時に生まれかつ死ぬ瞬間に、実存の生まれる瞬間が続いて起こる。この瞬間は前の瞬間から遺産を受け取るのだ。それが、永遠を模倣する持続を貫いている実存の執拗な存続である。そしてまさにそのことによって時間は、不動の永遠の動くイメージなのである。古典的な永遠の概念は、それ以外の肯定的な意味をもっていない。永遠を把握しようとするあらゆる試みは、否定神学にたどりつく。マルブランシュの『形而上学対話』のなかで、神の作用の永続性をめぐる長い敷衍に終止符を打つテオドールのかのせりふ、「私にはよく判らない」に行き着くのだ。古典的な考え方においては、瞬間はそれ自体では永遠を模倣することはできない。というのも、瞬間は本質的に漸消とされているからだ。否定についても同様である。この機能を支えているのは、後続の瞬間が連続的に配置され、この配置がつねに保証されていることである。実存は、時間のなかでの「執拗な存続 (persistance)」と考えられており、瞬間(instant) の「立ち止り (stance)」は、古典的哲学にとっては、永遠のつまりは完全な実存を思い描くには不充分なのだ。実存とは、それを貫いて通り、持続を成就する何ものかなのである。そしてこうした見方は、瞬間を他の諸々の瞬間との関係でとらえる――瞬間のうちに、時間の弁証法以外の弁証法を求めない――という私たちの習慣を証し立てている。

デカルトやマルブランシュの継続的創造[10]の理論は、現象的次元では、瞬間が自力では次の瞬間に結合しえないということを意味している。ベルクソンやハイデガーの理論とは反対に、そこでは瞬間はそれ自身を超えてあるという能力をもっていない。瞬間はまさにこの意味で、いっさいの活力を奪われている。しかし、マルブランシュの見解の奥深さは次のようなところにある。すなわち彼は、創造主に対する被造物の真の依存を、被造物の起源や、被造物が創造主の新たな意志によって無に帰してしまいうるということのうちに位置づけたのではなく、被造物が実存のうちに自己を保存しえないこと、そしてあらゆる瞬間に神の効能に頼らねばならないことのうちに位置づけたのである。このことによってマルブランシュは、瞬間を単純で活気のない時間の一要素のように考える機械論が見落とした、瞬間に固有のドラマを、つまり実存を求める瞬間の闘いをかいま見ているのだ。それによってマルブランシュは、他の諸瞬間との関係のうちには存しない瞬間という出来事を際立たせている。

瞬間の時間への従属は、瞬間が「時間の広がり[11]」のなかのどこででも捉えられるということに起因している。この時間の広がりのうちにあるそれぞれの点は、互いに順序によってしか区別されず、そこではみな等価なのだ。

したがって私たちは、ベルクソン以来、抽象的時間と具体的時間との混同に対してなされている批判に同調することになる。しかし、この二つの時間の区別が重要なのは、一方が空間化され均質化されており、他方はその不均質な内容と不可分な持続であって、つねに更新され、予測不可能だということのためではなく、抽象的時間のうちには瞬間の順序はあるが中心的な瞬間はない、つまり〈現在〉というあの比類ない瞬間がない、ということのためである。

瞬間の役割を理解するための出発点となるのは、まさしく瞬間と実存との例外的な関係である。この関係が私たちに、瞬間とはすぐれて実存の成就なのだと信じさせてくれる。

先行するあるいは後続する諸瞬間と関係する以前に、瞬間は実存を獲得するという行為を包蔵している。それぞれの瞬間は始まりであり誕生である。あくまで厳密な現象的次元に止まって、マルブランシュが瞬間のうちに見てとった超越的関係はひとまず置くとしても、それでもやはり瞬間はそれ自体で関係であり、征服なのである。ただしこの関係は、何らかの未来にもまた過去にも、この未来や過去に位置する存在や出来事にも準拠してはいない。始まり、そして誕生としての瞬間は、自家固有の関係、存在との関係であり、存在への通過儀礼なのである。

この関係の逆説的な性格には目を見張るものがある。存在し始めるものはその始まり以前には実存しない。にもかかわらず、みずからの始まりによって自己自身へと生まれ出、どこから発したということもなく自己へと到来することになるものは、その実存しないものなのだ。この始まりの逆説、それが〈瞬間〉を構成している。このことを強調しておくべきだろう。始まりは、始まりに先立つ瞬間から出発するのではない。始まりの起点は、跳ね返りのように到達点に含まれている。現在のさなかでのこの後退から発して、現在が成就され、瞬間が担い取られるのだ。

瞬間という出来事とその逆説的な二重性は、起源の問題をつねに原因の問題として立ててきた哲学的分析をすりぬけてきた。たとえ原因がある場合にも、始まるものはあるひとつの次元で、つまりそこから無矛盾律（Aは同一の瞬間に非－Aではない）が有効となるが、それを構成するためには無矛盾律はまだ効力をもたない、そんな次元で、瞬間において始まりの出来事を遂行しなければならないということに、ひとは気づかなかったのだ。創造主による創造の神秘の他に、創造の瞬間のうちに、被造物の時間のまるごとの神秘がある。

どこから発するともなく起こる自己への到来のこの運動は、時間の間隔を飛び越える運動と混同してはならない。この運動は瞬間のなかで起こるが、その瞬間自体において何かが、そういってよければ瞬間に先立っているのだ。瞬間の本質、瞬間の成就は、この内部の隔たりを飛び越えることのうちにある。

持続は、瞬間によって成就される存在との接触に影響を及ぼしはしない。瞬間には持続がなく、瞬間が存在と接触することのうちにはすでに解離が兆しているということを理由に、持続を実存の尺度と考えてはならないし、存在との接触による現在の充溢に疑いをさしはさむこともできない。瞬間の漸消は、瞬間の現前そのものなのである。その漸消こそが、存在との接触の充溢を条件づけており、この充溢はいかなる意味でも習慣ではなく、過去から受け継がれたのでもなく、まさに現在なのである。現在の絶対性とは、時間が及ぼす破壊作用の否定でも、持続的なものの肯定でもない。

f　現在と〈私〉

したがって現在の絶対性は、伝統的な哲学において絶対の概念の特徴であった、至上権とか至福の自由とかの用語では記述しえない。瞬間のなかにある、実存者と実存との関係の絶対性は、実存者の実存に対する支配と、実存者にのしかかる実存の重みとの双方からなっている。

何ものも、現在を巻き込んだ実存への登記を解消することはできないだろう。実存の杯は最後の一滴まで飲み干され、明日のためには何ひとつ残らない。現在がこれほど先鋭であるのは、それが留保なしに、そしていってみれば慰めもなしに存在に関わり合っているからである。もはやなにも成就すべきことはない。もはや踏破すべき隔たりもない。瞬間は消え果てるだろう。しかしそれは、ただたんに瞬間が持続しないということを意味するだけではない。現在の漸消は、この関わり合いの絶対性を可能にするのだ。現在における存在との関係は、持続のなかを瞬間から瞬間へと導くような次元で成就されるのではない。現在それ自体のうちには、現在の存在との例外的な関係しかない――爾後の兆しとなるものは何もない。それは終わりである。そしてその意味で停止なのだ。瞬間のうちで本質的なものは、その〈立ち止り〉である。しかしこの停止にはある出来事が包み隠されている。

現在の漸消は、現在の機能そのものである存在の成就の決定性と、その現実的な無限性とを破壊するものではない。漸消は現在を条件づけている。つまりその漸消のために、存在はけっして相続されず、つねに力ずくで勝ち獲られるのだ。この漸消は、現在の絶対性を廃棄することはできないだろう。それは、踏破された持続期間への反省や、過去は不可侵だという抽象的判断が、現在であったものの絶対性を発見するから、などということのためではない。現在の絶対性は、現在の現前そのもののうちにあって、過去に存在の外観を与えると同時に、現在を無に帰すことのできない未来に挑んでいるのだ。現在がすでに無と接触しているため、この無は、現在に先立っていた無と同等ではありえない。つまり、つねに脅威である死は「生の茶番劇」を終わらせるわけではない――死は、その茶番劇の一部なのだ。死が無だとしても、それは純然たる無ではない。この無は、失われた部分の現実を保存している。「もはやけっして」――二度とふたたび――は、一羽のカラスのように喪に沈む夜をひらひらと舞う。あたかもそれが無のなかの現実であるかのように、この漸消の不充分さは、消滅にともなう心残りにも表れている。瞬間においてその「起源の自由」の至上の保証であり、瞬間の漸消を失われた部分の理想の登記簿[12]（『伝道の書』）に書き込むものには、奇妙にも諸事物の永遠の流れの憂愁がつきまとうが、この憂愁は、現在がひとつの結び目を抱えており、その消滅もこれを解くことはなく、現在が避けがたくおのれの上に回帰してもそれを解消することはできないのだということをものがたっている。

　現在は存在に従属している。存在にかしずいているのだ。自我は運命的に自己に立ち戻る――眠りのなかでおのれを忘れることはできるが、やがて目覚めがあるだろう。始まりの緊張と疲労のなかで、実存の仮借なさのために冷汗が玉となる。引き受けられた存在は重荷である。そこで、存在の悲劇と呼ばれるものが、その起源で捉えられる。存在の悲劇とは、私たちの実存が有限であるために実存の過程で私たちを待ち受け私たちに訪れる、さまざまな不幸や失望のたんなる表現ではない。むしろ反対に、存在における悲劇的なものとは、瞬間のうちに完遂される実存の無限性であり、厳冬の風景のなかを旅する者たちが自分自身の捕囚となるように、実存の自由を凍てつかせる運命なのである。時間は悲劇的なものであるどころか、おそらく解放しさえするものだろう。

　現在の現前とは、その仮借なさ、現前そのものへの不可避の回帰、現前からの離脱の不可能性である。それは、現在をもって現在を定義することではなく、現在のうちにそれ自身との関係を見てとることだ。現在はそれ自身にしか準拠しない。だが、その自由のために現在の目を眩(くら)ませもしたであろうこの準拠は、現在を同一化のなかに閉じ込める。現在は、過去に対しては自由だが、それ自身の捕囚であり、自分で関わり合っている存在の重力を吸い込んでいる。この重力は、過去とは断絶しているが、現在のさなかにある重力だ。現在を押し潰す運命は、相続されたものとして現在にのしかかるのではなく、また、誕生をみずから選びとることなく生まれたという理由で現在に課されるわけでもない。現在とは純粋な始まりなのだ。しかしその最初の接触のなかで、瞬時の成熟が現在のうちに侵入する。現在は自分の勝負にむきになり、自分で仕掛けた罠に陥る。そして自分自身にのしかかる。現在は存在であって、夢でも戯れでもありえない。瞬間とは、存在する努力であり、息切れや喘ぎのようなものである。現在の自由は、その自由を条件として生まれる責任のうちにひとつの限界を見出す。自分自身の否定との総合の絆をもつことは、自由の概念のもっとも深遠な逆説である。ただ自由な存在だけが責任をもつ、つまりすでにして不自由なのだ。現在のうちの始まりを受け容れる存在だけが、自分自身を背負い込む。現在のうちに成就される決定的なものは、したがって当初は時間との関係で立てられるのではない。それは現在に内属する刻印なのだ。私たちは現在を時間の弁証法の外で扱ったが、この弁証法については後にいくつかの特徴を指摘することにしよう。

現在のそれ自身への回帰は、すでに自己へと釘づけにされ、すでに〈自己〉に裏打ちされた〈私〉の宣明である。悲劇は、自由と運命との闘いから生じるのではなく、自由の運命への転換から、つまり責任から生じるのだ。現在――起源の出来事――は、存在へと変容する。私なる者は〈存在する〉が、にもかかわらず対象と同列には扱えないという〈私〉の本質的両義性はそこに由来する。それは事物でもなければ、意識的事象がそこから放射される精神的中心でもなく、新たな後退のなかでそれを把握する新たな〈私〉の意識に身を差し出している。

〈私〉を、その客観性においてではなく、出来事から〈存在者〉へのその多義的な脱皮のなかで捉えなければならない。脱皮とは、存在のこの源初的所有だが、自我はしかしそこでどうしようもなく運命的に自己へと回帰してゆく。現在の同一性は、〈私〉の同一性と同じように、論理的な項の同一性を前提としていない。〈現在〉も〈私〉も自己への準拠の運動であり、その運動が同一性を構成するのだ。

〈私〉に関する実存の確証をともなうデカルトの〈コギト〉は、現在による存在の絶対的成就を根拠にしている。デカルトによれば〈コギト〉は、思考の実存が必然的だということではなく、その実存が疑う余地のないものだということを証している。思考の存在様態に関しては、コギトはなにも教えていない。延長と同じように被造物である思考は、神――本質が実存を含む唯一の存在――が手を引けば、無に陥る危険をはらんでいる。この意味で、〈コギト〉の明証は神の実存に依拠しているのだ。しかしコギトの例外的な確信は何に由来するものなのか。それは現在である。

過去におけるコギトの確信だけでは充分ではない。つねに想定される思考の減衰に備えて、神に頼らなければならない。しかし同時に、〈コギト〉の人称的形態である「私は考える」の〈私〉がこの確信を避けがたくする。コギトは思考の本質に関する冥想ではなく、自我とその行為との関係の親密さであり、〈私〉と一人称の動詞との唯一無二の関係なのだ。つまるところそれは懐疑という行為――つまり否定的行為、現在と〈私〉との実存が有無をいわせず成就される特権的状況である〈瞬間〉の外の、あらゆる定位を排除することである。〈現在〉、〈私〉、〈瞬間〉、それらは唯一無二の出来事の契機なのだ。

g　現在と定位

現在の瞬間のそれ自身への準拠は、場所に基づく立ち止りによって可能になる。現在の「停止」は定位の努力そのものであり、そこにおいて現在はみずからに追いつき、みずからを引き受ける。この研究のはじめで、私たちに瞬間の分節化の現場を把握させた努力と労働は、それ自身とのずれのなかでそれ自身に追いつくことで、それらの土台としての役目を果たす定位の努力と緊張に結びつく。メーヌ・ド・ビランは世界に向けてなされる努力しか見ておらず、その努力の分析が彼にもたらしたのは、主体の経験であって主体の成就ではない[13]。定位は、世界に向けられるすべての行為とすべての労働に対して全面的な独自性を与える。ビランにおける努力の意志と抵抗は、連動ないし相互規定しているが、主体の定位によって踏まえられた〈場所〉は、たんに努力に対する抵抗としてではなく、努力の土台として、条件として、努力を支えている。定位という出来事に対して、いかなる主体も先行してはいない。定位の行為は、それがみずからの起源を引き出しうるようないかなる次元で展開されるのでもなく、この行為が起こるまさにその地点にそれは立ち現れるのだ。その作用は、意志することではなく存在することである。世界に向けられた行為においては、疲労に未来へ向けての飛躍——何らかの対象を作るためであれ、私たち自身のうちに変化を生み出すためであれ——が付け加わる。行為は行為自身を超越するのだ。定位の行為はそれ自身を超越しない。自身を超越しないこの努力が、〈現在〉あるいは〈私〉を作り上げる。実存（existence）という概念では第一音節（ex）にアクセントが置かれているが、この概念に対し私たちは、自己のうちへの折り返しないし〈ひだ〉であるようなある存在の概念を対置する。この存在は、現代思想の脱自主義（extatisme）[14]に反してある意味で実体なのである。

了解によってくまなく照らされたハイデガーの気遣い（たとえ了解そのものが気遣いとして与えられるとしても）は、光を特徴づける「内‐外」の構造によってすでに規定されている。ハイデガーの時間性は、認識ではなく脱自、すなわち「自己の外にある」ことである。理論＝観照の超越などではなく、すでに内部から外部へと脱出することである。ハイデガーにおいては、実存は内から外への運動にとどまっている。その同じ彼が、観念論哲学と実在論哲学の双方によって「主体‐客体」の作用に還元されてしまった外部と内部の作用、「主体‐客体」の作用の彼方にある外部と内部の作用の究極的普遍的本質を、もっとも深いかたちで把握したのだ。この考え方の独自性は、この脱自のうちに、魂の何らかの特性以上のもの、そしてそれによって実存が実存するゆえんのものを見ていることである。脱自とは、ある対象との関係ではなく、存在するという動詞、存在するという行為との関係である。脱自によって人間はその実存を引き受ける。脱自は実存という出来事としてあらわれ、したがってその出来事そのものであるということになる。だがしかしそうなると、実存は世界や光と「同時的」である。私たちが〈定位〉から出発して提起してきた問題はまさしく、脱自（extase）は実存の源初的様態なのかどうか、一般に自我と存在との関係と呼ばれるものが外への運動なのか、ex-〔外、脱〕がexister〔実存する〕という動詞の主要語根なのかどうかということなのだ。(15)

h　実詞化の意味

無名の〈ある〉のなかでの定位によって主体が肯定される。語の語源的意味における肯定（affirmation）、つまり確固たる地盤の上に、土台の上に定位すること、条件づけ、定礎である。〈ある〉の無名の〈警戒〉から身を引き離す主体は、〈思考〉や〈意識〉あるいは精神として追究されたのではなかった。私たちの探究は、古来からの自我と世界との対立から出発したものではない。問題は、それよりはるかに一般的なある事態、すなわち実存者の出現、非人称の実存のさなかにおける実詞の出現そのものの意味を見定めることである。この非人称の実存は、純粋な動詞である以上、厳密に言えば名づけることはできない。動詞とは、名詞がものの名前であるように、行為の名前であるだけではない。動詞の機能は、名づけることにあるのではなく、言語を産出することにある。つまりそれは、定位され、定立性そのもののうちにある〈実存者たち〉を、その定位において、またその定立性そのものにおいて震撼させる詩の萌芽をもたらすものなのだ。〈ある〉の非人称性は、あたうかぎり根源的な用語で記述されてきた。それはたとえば、スピノザの神が非人称であるとか、世界と無生物たちが、あるいは主体に対する客体が、思考に対する延長が、精神に対する物質が、それぞれ非人称であるといった意味での非人称性の問題ではない。ここにあげた存在たちはみな、すでに人称的である。というのもそれはみな実存者であり、すでに実詞のカテゴリーを前提とし、そのカテゴリーのなかに位置しているからだ。だが、私たちの求めてきたのは、実詞の出現そのものなのだ。そしてこの実詞の出現を指示するために私たちは、哲学史において、動詞によって表現される行為が実詞によって示される存在となるその出来事を指し示していた、〈イポスターズ＝実詞化〉[16]という言葉をふたたび採用することにした。〈イポスターズ〉、実詞の出現、それはたんに新しい文法的カテゴリーの出現というだけではない。それは、無名の〈ある〉の中断を、私的な領域の出現を、名詞の出現を意味している。〈ある〉の基底の上に存在者が立ち現れる。存在の一般的経済における〈存在者〉の存在論的意味は

——ハイデガーはそれをたんに区別しただけで存在の傍らに置いたが——このようにして導き出される。実詞化によって、無名の存在は〈ある〉としての性格を失う。存在者——〈存在するもの〉——は、存在するという動詞の主語であり、そのことによって存在をみずからの属辞とし、その運命に支配を及ぼす。存在を引き受けるだれかがいる。そしてこの存在は今やそのだれかの存在なのだ。

私たちは意識を追究したのではなくイポスターズを求めたのだが、それでも私たちは意識を発見した。〈イポスターズ＝実詞態〉、つまり実存者とは意識なのだ。というのも、意識は局所化され定位されており、定位という超越なき行為によって、意識はそれ自身から存在に到来し、すでにそれ自体としての存在〔即自存在〕から逃れ出ているからであり、——同じ状況の違った契機だが——意識は現在だから、つまりまたしてもそれ自身から存在に到来するものだからだ。現在は持続から切り取られるその一部ではなく、持続の関数である。すなわち現在とは、この自身からの到来、〈私〉という存在者による実存の我有化なのである。意識や定位、現在、〈私〉は——最終的にはそうであるとしても——はじめから実存者なのではない。それらは、〈存在する〉という名づけえぬ動詞が実詞に変容するその出来事なのである。それらすべてが実詞化なのだ。

i　実詞化と自由

しかし意識が身を支えるこの無意識の境界、意識という存在論的出来事を規定しているこの無意識の境界は、否定の境界ではない。眠りは、存在が自分自身から身を引き、自分自身に対する自分の支配力から解放されるときの存在の様態である。この解放、つまりこの自由は、無を介入させず、今日よく語られる「無化」のようなものではない。しかしそのかわり、「思考」でしかない自由だ。眠りという出来事を見誤ることなく、この出来事そのもののうちにすでに挫折が書き込まれていることに留意しなければならない。脆弱な眠り、翼の軽い眠りは、意識遊離の状態だ。

意識によって実存者が立ち現れるとしたら、主体性——存在に対する主体の卓越性としての——はまだ自由ではない。瞬間の実詞化——そこでは、主体の支配、力、雄々しさが一世界内の存在として表明され、志向が、光と事物たちへの欲望のうちで、慈悲や犠牲の献身のうちで、主体にとっての自己忘却となる——のなかに、〈ある〉の回帰を見てとることもできる。〈ある〉に融即する実詞態は、孤独として、自我とその自己との決定的な繋縛（けいばく）としてあらわれる。世界と知は、絶対的に存在の主人であり絶対的に存在の背後にあるような自我のうちで実存の切っ先を鈍らせる、そのような出来事ではない。〈私〉はその対象やその自己から後退しているが、このような自己からの解放は、無限の責務として現れる。〈私〉はつねにそれ自身の実存に片足をとられている。〈私〉は、いっさいに対して外にあるが、自分自身に対しては内面であり、自分自身に繋がれている。〈私〉が引き受けた実存、そこに〈私〉は永遠に繋縛されているのだ。自己自身ではありえないという自我のこの不可能性が、みずからの存在に釘づけされているという自我の根底的悲劇をはっきりと示している。

意識の自由は無条件の自由ではない。いいかえれば、認識によって成就されるような自由は、精神に運命のすべてを免れさせるものではない。この自由こそが、主体と対象たち——事物や出来事——との間で演じられるものよりさらに深遠な、精神とその精神が引き受ける〈ある〉という事実との間で演じられるドラマの契機なのだ。このドラマは、私たちの不断の誕生のうちで演じられている。

知や志向の自由は否定的なものだ。それは関わり合わないということである。だが、存在論的冒険のなかで関わり合わないとは何を意味するのか。それは決定性を拒否することだ。世界は私にある時間を提供し、私はそこでさまざまな瞬間を踏破する。そして私に与えられた進化のおかげで、私はいかなる瞬間にも決定的ではない。とはいえそれでも私が過去を負っていることにかわりはなく、その過去の各瞬間は決定されている。だとすれば、すべてが与えられているがまたすべてが隔たりであるこの光の世界のなかで、私には、何も捉えない権能あるいは何も捉えないかのように振る舞う権能が残されている。志向と欲望の世界とは、まさしくこのような自由の可能性なのである。しかしこの自由は、私の実存それ自体の決定性から、つまり私が永遠に私自身と共にあるという事実から、私を引き離しはしない。そしてこの決定の様相、それが孤独なのである。孤独とは、世界と光のことだ。この所与の対象たち、この衣服を纏った存在たちは、私自身とは別のものだが、また私のものでもある。その対象たち、存在たちは、光に照らされてひとつの意味をもち、その結果、あたかも私に由来するものであるかのようにして存在する。理解された宇宙のなかで、私はひとりきりだ、つまり決定的に〈ひとつ〉である実存のなかに閉じ込められている。

孤独はおのずから呪われているのではなく、それが決定的だという存在論的意味によって呪われている。他人に到達するということは、それ自体では正当化されない。それは私の倦怠を揺るがすことにはならない。それは存在論的に見れば、自我の諸カテゴリーそのもののもっとも根源的な破綻という出来事なのだ。というのもそれは、自我にとって自己の内をはなれて他処にいることと、許されていることであり、既決の一実存ではないということだからだ。他人との関係は、もうひとつの自我との結びつきとしては考えられないし、またそれは、他人の他性を消滅させてしまう了解とも、なんらかの第三項を軸に他人と合一することとも考えられない。

いかなるものであれ、光を特徴づける関係をもってしては、自我の既決性を打ち破る他人の他性を捉えることはできない。先回りして、〈エロス〉の次元がその他性をかいま見せてくれるということ、そして比類なき他者とは女性であり、女性によってある背後世界が世界を延長することを言っておこう。プラトンの愛は、必要の子供であって、欠如の特徴を保持している。その否定性は、たんなる必要の「より少ない」であり、他性への運動そのものではない。女性的なものの役割を全面的に見誤っているプラトン的解釈から切り離してみた〈エロス〉は、光の孤独を離脱し、したがって本来の意味での現象学から離脱した、ひとつの哲学のテーマである。それはよそで扱うことになろう(17)。現象学的記述は、光を、いいかえればおのれの孤独に幽閉されたひとりぼっちの人間を、不安と終末としての死を、定義からして離れることができず、この記述が他人との関係についていかなる分析をもたらすとしてもそれだけでは充分ではない。この記述は、現象学であるかぎり、光の世界に、独りだけの自我の世界にとどまっている。この自我に他人としての他人はなく、彼にとって他人はもうひとりの自我、共感によってつまりは自己自身への回帰によって認識される〈他我〉でしかないのだ。

3　時間へ

この研究を導いている根本的なテーマは時間の概念だが、思うに時間は、現在のうちで成就される存在との関係が不充分なことをかたちを変えて表現するものではなく、瞬間が成就する決定的接触の過剰を癒すべく呼び求められているのだ。持続は、存在とは別の面にあって存在の含む悲劇を解消する——とはいえ存在を破壊するのではない。しかし、この時間というテーマの展開が本書の課題の限界を超えるものだとしても、ごく大雑把にではあれ、その見透しを素描しておかないわけにはいかない。さきほど提起した〈私〉や〈現在〉に関する諸テーマは、その見透しのなかに位置づけられているのだから。

a　実体としての〈自我〉と知

世界内での私たちの生を構成する意識の流れのなかで、自我は生成の変化に富んだ多様な相を貫いて、何か同一のものとして維持されている。生が、私たちの習慣や性格を変え、私たちの存在を形づくる内容の総体を不断に入れ替えて、私たちにいかなる痕跡を刻もうとも、ひとつの不変項は存続する。私たちの実存を綾なす多彩な糸を互いに結びつけるため、そこに〈私〉が残存する。

この同一性は何を意味しているのか。私たちはそれをひとつの実体の同一性と考えがちである。だとすれば〈私〉が不壊の一点であり、そこから行為や思考が発出するが、その変化や多様性はこの不壊の一点に影響を及ぼさない、ということだろうか。しかし、おびただしい偶発事が実体の同一性に影響を及ぼさないということがありうるだろうか。実体と諸々の偶発事との関係はそれ相当の実体の変化でもあり、だとすれば実体の観念は無限に後退してゆくように思われる。そのとき、偶発事の変転のもとで実体の同一性の維持を可能にしてくれるのは〈知〉の概念である。知とは、すぐれて外部にとどまるものとの関係、あらゆる関係の外にあるものとの関係であり、行為者を自分の遂行する出来事の外に維持しておく行為である。別格の関係であり行為であるこの知の観念は、〈私〉の同一性を固定し、〈私〉をその秘密のうちにしまい込んでおくことを可能にする。この〈私〉は、歴史の変転のもとでもみずからを維持し続ける。歴史の変転は、対象としての〈私〉には影響を及ぼしても、その存在を変質させることはないからだ。〈私〉はしたがって、意識であるがゆえに同一的なのだ。比類なき実体、それが主体だ。知は、主体を訪れるいっさいのものに関する主体の自由の隠れた根拠なのだ。そしてその自由が主体の同一性を保証する。〈私〉が、その歴史のさまざまな偶発事のもとでひとつの実体であり続けうるのは、この知の自由のためである。〈私〉の自由とは、〈私〉の実体性のことである。〈私〉の自由とは、実体が諸々の偶発事の変転のなかに絡め取られていないということの別の表現でしかない。観念論は、実体論の自我の概念を乗り越えるどころか、それを根源的なかたちで推奨している。〈私〉とは思考を付与された実体ではない。それは思考を付与されているから実体なのだ。

b 自己への同一化そして自己への繋縛としての〈自我〉

しかし、観念論は〈私〉の同一性を解釈するのに、実存者の同一化という存在論的出来事とは切り離された、論理的な同一性の観念を用いる。同一性とはじつは、〈存在する〉という動詞に固有のものではなく、存在するもの、いいかえれば〈ある〉の無名のざわめきから離脱したひとつの名前の特性なのだ。同一化とはまさしく、あたりに広がる無名の存在のただなかでの存在者の定位のことなのだ。したがって、主体を同一性によって定義することはできない、というのも、同一性は主体の同一化の出来事を包蔵しているからだ。

この出来事は、宙に浮いて起こるわけではない。すでに示したように、それは定位のなせる業であり、時間のなかにありながら——通常は時間から近づくものだが——時間に対する否定あるいは無知である〈現在〉、純粋な自己準拠であり、実詞化である現在の働きそのものなのである。現在における自己への準拠としての同一的な主体は、もちろん過去に対しても未来に対しても自由だが、ただ自分自身には依存している。現在の自由は恩寵のように軽やかではなく、重さであり、責任である。この自由は、自己への実定的な繋縛のなかで、自我は仮借ないまでに自己なのだという事実のうちで、明瞭なかたちをとる。

〈自我〉と〈自己〉との関係を、実詞化の宿命を構成するものと考えるとしても、それは同語反復をドラマに仕立て上げることではない。自我であることのうちには、自己への繋縛と、それを振りほどくことの不可能性とが含まれている。主体はもちろん自己に対して後退するが、この後退の運動は解放ではない。いわばそれは、囚人に縄を与えただけで解いてはやらないようなものである。

自己への繋縛、それは自分自身を振りほどけないということだ。ただたんにある性格や性分に縛られているというだけでなく、自分自身との沈黙の結びつきであり、そこには二重性が見てとれる。自我であるということは、たんに自己に対して〔対自的に〕存在するということではなく、また自己と共に存在するということでもある。オレストが「……そして来る日も来る日も私自身から私を救ってくれた……」と語るとき、あるいはアンドロマクが「囚われの身で、悲しみの尽きる間もなく、このわが身さえもてあましている」[18]、と我が身を嘆くとき、これらのことばが語る自己との関係は、比喩的な意味を超え出ている。これらのことばは、意志と情熱とか、理性と感情といった、魂のなかの二つの能力の対立を言い表しているのではない。これらの能力のひとつひとつが、自我をまるごと閉じ込めているのだ。ラシーヌのすべてはそこにある。コルネイユの登場人物は、すでにして自己と宇宙との主人である。この人物は英雄だ。彼は名誉とか美徳といった神話に順応しており、その神話によって彼の二重性は克服されている。葛藤は彼の外部にあり、彼はその葛藤に自分の選択をもって加わる。ラシーヌにおいては、神話のヴェールが引き裂かれる。主人公は自分自身をもてあます。そこにラシーヌの主人公の悲劇性がある。つまりそこでは主体は自己から発し、すでに自己とともに、あるいは自己に抗って存在するのだ。主体は自由であり始まりでありながら、この自由そのものを支配する運命を背負っている。何ひとつ無償ではない。主体の孤独とは、一存在の孤立、一対象の単一性以上のものである。それは言ってみれば二人であることの孤独なのだ。この自我の他在が、自我に随伴する影のように駆けめぐる。憂いの二重性は、私たちが世界内で知っている社会性、そして自我が憂いを逃れてそちらへと向かう社会性とは異なり、また自我をその自己から引き離す〈他人〉との関係ともまた異なる。この二重性は逃亡のノスタルジーを呼び醒ますが、いかなる未知の空も、いかなる新天地も、このノスタルジーを癒すにはいたらない。なぜなら、旅にあって、私たちは自分自身を運んでいるのだから。

c　自由の思考と時間

だが、この負荷あるいは重みが負荷として可能であるためには、現在がまた自由の構想でなければならない。構想であって自由そのものではない。従属の体験からその対立物の証拠を導き出すことはできないのだ。自由についての〈思考〉というものが、それを充分納得させてくれるだろう。それ自体では存在に対して無力なこの思考は、「思考の行為」という表現が比喩的に何を含んでいるのかを示している。自由の思考ないし希望は、現在における実存への関わり合いを特徴づける絶望を説明している。この思考は、自分の関わり合いからこの関わり合いを破棄することなく身を引こうとする主体性の瞬きそのものである。それが、思考でしかない自由の思考だ。つまり眠りや無意識に頼ること、脱出ではなく遁走（とんそう）、ついには共通の実存を取り戻すことで終わるだろう〈自我〉と〈自己〉との空しい別離、さらには自由が身を投ずる虚無を前提としない自由、ハイデガーの場合のように「無化」の出来事ではなく、主体の存在論的状況によって存在の〈充溢〉そのもののなかに生ずる自由。しかし、関わり合いに関する自由ではなくたんなる希望であるこの思考は、もうひとつ別の次元の閉じられた扉を叩くことになる。この思考は、何ものも決定的ではない実存の一様態、〈私〉の決定的な主体性とは際立った対照をなす実存の様態を予感している。つまりは時間の次元だ。

解放とたんなる解放の思考とのあいだに立てた区別は、現在から発して時間を弁証法的に導き出すことをすべて禁じている。現在の自己への繋縛が解かれうるようなレベルの希望も、まだこの繋縛の解消を余儀なくさせるものではない。〈私〉が自由を構想するということのうちには、いかなる弁証法的な悪魔払いもない。未来を始動させるためには、希望を抱くだけでは充分ではないのだ。

d 贖罪の時間と正義の時間

しかし未来を始動させることができないのなら、希望はいかなる意味で時間をめざしているのだろうか。希望は、未来の方を向き、そこに起こりうる幸福な出来事を待っているのだろうか。だが、幸福な出来事を待つことはそれ自体では希望ではない。出来事が起こりうると見えるのは、現在において実定的に認知しうる諸々の理由によってであり、そのときひとはいくばくかの確信をもって出来事を待つのだが、出来事が希望を含みもつのは、出来事の訪れが不確かなときだけなのだ。希望を切実なものにするのは、希望の成就される瞬間の重さである。取り返しがつかないのは、希望の成就される瞬間の自然な雰囲気である。希望は、もはやそれが許されないときにはじめて希望となる。ところで希望の瞬間において取り返しのつかないものとは、希望の現在そのものである。未来は、現在において苦しむ主体に、慰めや償いをもたらすことができるが、現在の苦しみそのものは叫びのように残り、そのこだまは空間の永遠性のうちに永久に響きわたることになる。少なくとも、世界内の私たちの生を敷き写した時間の考え方のなかではそうである。この時間を私たちは、以下に見る理由から、「経済の時間」と呼ぶ。

たしかに、世界内では時間そのものが与えられている。現在の努力は、現在の重みを降ろして軽くなる。その努力はみずからのうちに欲望の反響を抱えており、諸々の対象がこの努力に「報酬として」与えられる。その対象は、瞬間が自身の上に捻れるその捻れを緩めることはしないが、この捻れに埋め合わせの補償を与える。そのため労苦はその奥深い要請を失って空虚になる。世界とは報酬を得る可能性なのだ。いっさいの曖昧さを排除する志向の真摯さのなかにあって、〈自我〉は素朴である。自我は自己への決定的な繋縛から関心を失う。世界内では、時間があるゆる涙を乾かし、あの許しのない瞬間と、何ものも償うことのできないあの労苦を忘れさせる。自我にともなうあらゆる帰結、自己に関する自我の不安、自我がおのれの仮面を取るにいたらない仮装の状態は、すべて重要性を失う。

努力と、努力の果実を享受する余暇との交代が、世界の時間を構成している。世界の時間は単調だ。そこではあらゆる瞬間が等価だからだ。この時間は日曜日に、つまり世界が与えられている純然たる休暇に向かってゆく。日曜日は週日を聖化するのではなく、週日に代償を与える。状況ないし努力としての実存への関わり合いは、状況の現在そのものにおいて回復されるのではなく、押さえつけられ、埋め合わされ、そして償還される。それが経済的活動というものだ。

そのために、経済的世界は私たちのいわゆる物質的生活を包摂するばかりでなく、救済の要請が売り買いされたような、そしてすでにエサウが年長の権利を売った(19)ような、私たちの実存のあらゆる形態を包摂している。世界とは、〈私〉が報酬を受け取る世俗の世界だ。宗教的生活でさえ、その報酬のカテゴリーで理解されるときには経済的である。道具は、対象や報酬に対する渇望に奉仕する。道具は存在論とは何の関係もなく、欲望に従属している。そして不愉快な努力だけでなく、待つ時間をも抹消する。現代文明においては道具は、ただ手の届かないものに手を届かせるよう手を延長するだけでなく、より速くそれに到達することを可能にする。つまり行為において行為が担うべき時間を抹消するのだ。道具は中間の時間を抹消し、持続を凝集する。現代の道具は機械だ。つまり、照明装置、自動電話、鉄道と道路との連携といったシステムであり、配列構成であり、集合であり、連携である。道具の多重の組合わせが機械の本質的特徴である。それがいくつもの瞬間を集約する。そして速度を生み出し、欲望の性急さに呼応する。しかし、この「代償の時間」は希望にとっては充分ではない。涙が拭われ、死の報復がなされるだけでは希望にとって充分ではない。いかなる涙も無駄にされてはならないし、いかなる死も復活なしですまされてはならないのだ。希望はそれゆえ、それぞれに分離された瞬間で合成される時間には甘んじない。分離された瞬間は自我に与えられたもので、自我はそれを踏破し、はじめの瞬間と同様非人称的な次の瞬間におのれの労苦の報酬を摘みとろうとする。だが希望の真の対象とは、救世主あるいは救済なのである。

苦しみのなかでそっと触れる慰め主の愛撫は、受苦の終わりを約束しはしないし、償いを告げるものでもなく、その接触においても経済的時間でいう「後」に関わるものではない。愛撫は苦しみの瞬間そのものに関係するのであり、苦しみはこのときもはやそれ自身へと追いやられず、愛撫の運動によって「他所」に引き去られ、「自己自身」の万力から解放され、「新鮮な空気」を、ある次元と未来とを見出す。あるいはむしろ、愛撫はたんなる未来以上のもの、現在が呼び戻しの恩恵に浴するようなある未来を告知する。この憐れみ (compassion) の効果は周知のもので、通常、心理学の一次的事象とされ、それによって多くのことが説明されている。しかしじつはこの効果は無限に謎めいている。

労苦は償いえない。人類の幸福が個人の不幸を正当化しないように、未来の報酬は現在の労苦を汲み尽くせはしない。労苦を償いうるような正義は存在しないのだ。労苦が償われるためには労苦の瞬間に立ち戻ることができるか、この瞬間を蘇らせることができるかしなければならない。希望を抱くとはしたがって、償いえないものの償いを希望すること、したがって〈現在〉のために希望することである。一般的にはこのような償いは時間のなかでは不可能であり、唯一永遠だけが――そこでは時間のなかの弁別された瞬間は区別できなくなる――救済の場所だと考えられている。このように永遠に訴えることは、私たちには必ずしも必要だとは思われないが、少なくともそれは、救済がただたんに代償を与えるということではなく、苦しみのその瞬間に関わるものでなければならないという不可能な要請があることを示している。時間の本質とは、この救済の要請に答えることなのではないだろうか。主体にとって外的な経済的時間の分析は、現在をただ償うだけでなく蘇らせるはずの時間の本質的構造を避けてとおってしまうのではないだろうか。未来とは、何よりもまず現在の復活なのではないだろうか。

e 〈私〉と時間

私たちは、時間とはまさにそのようなものだと考えている。「次の瞬間」と呼ばれるものは、瞬間のうちに固定された実存の、解消不能な関わり合いの解消であり、〈私〉の復活なのである。私たちの考えによれば、〈私〉は、同一的な許しをえていないもの——たんなる化身、なれの果て——として次の瞬間に入り、新しいだけでその新しさがいっこうに〈私〉を自己への繋縛から解放しはしない、そんな経験をするというのではなく、〔瞬間と瞬間との〕空虚な間隔のなかで〈私〉が死ぬことが新たな誕生の条件となるのであって、〈私〉に開かれる〈他所〉がたんなる「転地」ではなく、「自己の内とはちがう所」でありながら、かといって〈私〉は非人称の境地にも永遠の境地にも落ち込むことはない、そういうことなのである。時間は任意の〈私〉の前に列をなす瞬間の継起ではなく、現在と等価のほかならぬ〈私〉が現在において表明する現在のための希望、その希望に対する答えなのである。絶望のなかでの希望の切実さは、あげて絶望の瞬間そのものが求める償いの要請から生じている。時間の営みの秘蹟を理解するためにはまず第一に、この現在のための希望から出発するのがよいだろう。希望は現在そのもののために希望する。殉教者は私たちに報酬の権利を残すために過去に立ち去るのではない。すべてが失われるそのとき、すべてが可能となるのだ。

要するに問題は、一連の瞬間で構成され〈私〉がその外に立つような、私たちの具体的な実存の時間に異を唱えることではない。たしかに経済的生の時間はそうしたもので、瞬間はどれもみな等価で、これらの瞬間の結びつきを保証するために〈私〉がそこを巡回している。そこでは、時間が主体を更新するが、この更新は憂鬱を一掃するわけではない。この時間は自我をその影から解放しはしないのだ。時間という出来事は、より深いところで取り換えのきかない瞬間の復活として生きられているのではないのか、と問うてみる必要がある。時間のなかを巡回する〈私〉に代えて、私たちは現在における時間の素因としての、時間の活力としての〈私〉を措定する。それは、弁証法的漸進の〈私〉でも、脱自の〈私〉でも、持続の〈私〉でもない。持続においては現在が未来に重なってゆき、その結果、現在の存在とその再生との間に欠くことのできない無の間隔がない。〈私〉の活力は現在の現前そのもののうちに、この現前が含みもつ要請のうちに宿っている。ただしこの要請は、存在への固執を求めるものでもなく、厳密な意味ではこの現前の不可能な破壊を求めるものでもなく、その現前のうちに結ばれた結び目を、つまり現在の漸消が解くことのない決定性を解きほどくことを求める要請である。存在の再開を求める要請、そしておのおのの再開に非-決定性を希う希望である。〈私〉は、過ぎた瞬間の残滓として新たな瞬間を誘発する存在ではない。〈私〉とはこの非-決定性に対する要請である。存在の〈人称性〉とは、存在が時間を必要としているというそのこと自体なのである。存在は、みずからを〈他なるもの〉として再開させる瞬間そのものにおける、奇跡的な多産性を必要としているかのようにして、時間を必要としているのだ。

しかしこの他性を、存在は自分に付与することができない。時間を弁証法的に構成できないということは、独力では、独りだけでは切り抜けることができないということだ。〈私〉は自分の現在から自由ではなく、独りで時間を踏破することも、単純に現在を否定することで代償を見出すこともできない。現在の決定性のうちに人間の悲劇を位置づけ、〈私〉の機能をこの悲劇と不可分なものとして措定してみると、私たちは主体にその救済の手段を見出せない。救済は、主体におけるいっさいがここにあるとき、他所からやって来るほかないものなのだ。

f　時間と他者

じっさい、単独の主体のうちにどうして時間が出現しうるだろうか。単独の主体は自分を否定することができず、無をもっていない。他の瞬間の絶対的他性は――ともかくも時間が足踏みの錯覚でないとすれば――、決定的に*自分自身*である主体のうちには見出しえない。この他性が私に訪れるのはただ他人からだけである。社会性は、時間について私たちのもつ表象の源である以上に、時間そのものなのではないだろうか。もし時間が私と他人との関係によって形づくられるとすれば、時間は私の〈瞬間〉の外にあるということになるが、それはまた観照に与えられた対象とは別ものである。時間の弁証法は、他人との関係の弁証法そのもの、すなわち対話であるが、ただこの対話は、単独の主体の弁証法とは別の用語を用いて研究されなければならない。社会的関係の弁証法は、私たちに一連の新しいタイプの概念を提供してくれる。そして時間に必要な無――主体がもちえない無――は社会的関係からやってくる。

伝統的哲学――ベルクソンやハイデガーを含めて――は、主体に対してまったく外的な対象としての時間か、主体にまったく包摂されてしまう時間を構想するにとどまっていた。しかも、問題にされていたのはいつも単独の主体だった。まったく単独の自我――モナド――がすでに時間をもっていた。時間のもたらす更新は、古典的哲学にとっては、モナドによって説明しうるような出来事、つまり否定として示されていた。そして主体は、新たな瞬間が近づくときおのれを否定する瞬間がたどりつく無の無規定性のなかに、その自由を汲みとっていた。古典的哲学は、自由を自己否定のうちに見出して、他人の他性によって自分の存在を「許される」ことのうちにある自由を見落としていたのだ。他人は対話をとおして私たちを解放するのだが、古典的哲学はその対話における他人の他性を過小評価していた。というのも、この種の哲学は魂と魂自身との沈黙の対話が存在すると考えていたからだ。結局のところ、時間の問題は、対話を考えるべき独自の用語群を活用しうるかいなかにかかっている。

g 〈他者とともに〉と〈他者に面して〉

社会的関係はもともとは、個人を超えるものとの関係、つまりデュルケム的意味でいう個の総和より以上で個より上位にある何ものかとの関係なのではない。量のカテゴリーはもちろん質のカテゴリーも、他者の他性を記述することはできない、というのも他者はたんに自己とは質を異にするというだけでなく、言ってみれば質としての他性を担っているからだ。ましてや社会的なものは、同類の学(まねび)のうちにはない。この二つの考え方において社交性が融和の理想として求められている。私の他者との関係は、集団的表象や共通の理想や共通の振る舞いに没入することによって、私を他者に同一化する方向に向かうと考えられている。それは「われわれ」と語る集団、他者を自分の面前にではなく傍らに感じとる集団である。それはまた必然的に、媒介として働き合一の共通項となる第三項のまわりに形成される集団である。ハイデガーの〈相互共存在(Miteinandersein)〉もまた、「ともに」の集団のままであり、それは「真理」の「まわりに」おいてはじめて真正なものとして現れる。それは、共通の何かをとりまく集団なのだ。したがってあらゆる合一の哲学と同じように、ハイデガーにおける社会性は、全面的に単独の主体のうちに見出され、〈現存在〉の分析がその真正なかたちで行われるのは、孤独という術語によってなのである。

この同志の集団に対して、私たちはそれに先行する〈わたし‐きみ〉の集団を対置する。この集団は、第三項——仲介的人物、真理、教義、営為、職業、利害、居住地、食事――への融即ではない。つまりこの集団は合一ではない。それは仲介のない、媒介のない関係のおそるべき〈対面〉である。したがって人間どうしの関係は、相互に置き換え可能な二つの項の、それ自体としてはその二項に左右されない中立的で相互的な関係ではなくなる。他人としての他人は、ただたんに他我なのではない。他人とは私がそれではないもの、私が強者なら、それは弱者であり、貧しき者であり、「寡婦にして孤児」である。「秩序ある慈悲[20]」を発案したものほどひどい偽善はない。あるいは、他人とは、外異者、敵、権力者である。本質的なことは、他人がその他性それ自体によってこうした質をもつということだ。間主観的な空間は、もともとは非対称的である。他人の外在性はたんに、概念的には同一であるものを分離している空間の効果でもなければ、空間的外在性によって明らかになる何らかの概念的差異でもない。社会的外在性が根源的なのは、まさしくそれがこの二つの外在性の概念に還元できないからであり、そのためにこの外在性は、諸事物に有効な、ということは単独の主体、単独の精神のなかで有効な、単一性と多数性のカテゴリーから私たちを連れ出すのだ。間主観性とは、たんに多数性のカテゴリーを精神の領域に適用したものではない。それは〈エロス〉によって私たちに与えられる。というか、他人が間近にいるとき、その間近のさなかで、隔たりが手つかずで維持され、間近であるにもかかわらず二人であるということから、この関係の悲愴さが生まれるのだ。愛における通い合いの挫折として呈示されていることが、まさしく愛の関係の積極性をなしている。〔愛の挫折における〕この他者の不在はまさしく〈他〉としての他者の現前なのだ。他者とは、隣人、間近な人のことだ――だが、間近さは融合の頽落形態でもなければその一段階でもない。文明の特徴でもある関係の相互性のなかに、間主体的な関係の非対称性は忘れられている。文明の相互性――それは目的の王国で、各人が目的であると同時に手段であり、ひとはだれもが人称的だが、(原注1) この相互性は友愛の観念の平準化である。この観念は到達点であって出発点ではなく、エロスのあらゆる内的帰結に結びついている。その友愛のなかに身を置くためには、そしてみずから貧しき者、弱き者、哀れな者、父の仲介者――そして〈父〉を公準としなければならないのだが、それもたんに原因あるいは類であるだけではない父を――であるためには、私と他人との異質性がなければならない。社会と時間とは諸々の類の間のこの異質性とこの関係から理解されねばならないが、このことは、私たちをもうひとつの著作の入口へと連れてゆく。プラトンの世界であるコスモスに、精神の世界が対立している。そしてこの精神の世界では、エロスの内的帰結は、私を〈同〉に、他人を〈他〉に置き換えてしまう類の論理には還元されない。エロスの対立と矛盾の独自性はハイデガーには捉えられず、彼はその講義で、性の差異を類の特権化として呈示する傾向があった。エロスのうちでこそ〈超越〉は根源的に思考され、存在に囚えられ避けがたく自己へと回帰してゆく自我に、その回帰以外のものをもたらし、自我をその影から解放することができる。自我が自分自身から外に出る、と単純に言うことは矛盾である。というのも、自己から外に出た自我は、暴れ出すか、さもなければ非人称的なもののなかに落ち込んでしまうからだ。非対称的な間主体性はひとつの〈超越〉の場であり、そこでは主体はその主体としての構造を保ちながら、避けがたく自分自身へと回帰することなく〈多産〉である可能性を——先取りして言えば——〈息子〉を得る可能性を手にするのだ。

原注

（1）モーリス・ブランショの『アミナダブ』のなかで、この相互性の状況の記述は、人称的な自己同一性の消滅にいたるまでつきつめられている。

訳注

(1) コリュバスは古代ギリシャの大地の女神キュベレの司祭。この司祭の職務は、女神のまわりで武装し楯を打ち合わせながら、鳴物入りで燥狂的な舞踏を失神するまで踊り狂うこと。

(2) オデュッセウスの妻ペーネロペーは、行方不明の夫の留守中に、その地位をねらって訪れる求婚者たちの要求をはぐらかすため、夫の父の屍衣を織り上げたら誰か一人を選ぼうと約束し、昼に布を織ってそれを夜密かに解くことを繰り返して時をかせぎ、夫の帰還を待った。

(3) ニーチェの「エス(それ)」、フロイトの「エス」と同じように、本質的に規定しえない、あらゆる規定を逃れ出るものを指す〈それ〉。

(4) ジュール・ロマン(一八八五―一九七二) フランスの小説家。ユナニミスムを唱導、一九三二年から十四年がかりで全二十七巻に及ぶ大長篇『善意の人々』を書き上げた。第一次大戦前夜から三〇年代初頭にいたる一大時代絵巻で、シュルレアリストを標榜する詩人ヴォルジュは、その第十七巻『ヴォルジュ対キネット』(一九三九)の主人公。

(5) 〈position〉は〈poser(置く、措定する)〉から派生する名詞で、一般には置かれたものの様態、ないし状況との関連での置かれ方を表し、置かれたものの「位置」ないし「姿勢・態勢」、「立場」などを意味することになる。しかしここでは、主体がみずから立つ(というよりこの場合は身を横たえるだが)ことによってその「立場」が実現される出来事の側が強調されているので、動詞的な意味合いを表に出し、かつ、この「立場（あるいは場に立つこと）」が「局所化ないし位置どり（localisation）」、「土台（base）」、「場所（lieu）」、「条件（condition）」等を含みこんだものであることを考慮して「定位」の訳をあてた。

（6）〈Dasein〉「ダーザイン」の〈da〉「そこ」は、存在者の存在が問われる「場」であると同時に、存在が「そこ」において問うという様態でみずからを明るみに出す場でもある。したがってこの「そこ」は任意のしかも特権的な「世界内」の場であるが、レヴィナスは「ここ」をハイデガー的な世界内での存在の「開け」としての「ダー」から区別している。

（7）〈cénesthésie〉ギリシャ語の〈Koinē aisthēsis〉からできた語で、身体内器官に関する快、不快の漠然とした一般的感覚を指す。

（8）解けない結び目。フリギアの王ゴルディアスの戦車の轅をつなぎとめた結び目は非常に複雑で、これを解く者がアジアの帝王になるという託宣があった。アレクサンドロス大王はこれを試みて果たせず、最後に剣を振って一刀両断にした。

（9）オクターヴ・アムラン（一八五六―一九〇七）フランスの哲学者。カントの批判主義をヘーゲルの影響を受けて全体的合理論に発展させた。ただしその総合的な方法は矛盾の止揚というより、相関的な肯定概念の総合で、形式論理のわく内にとどまっているといわれる。

（10）〈création continuée〉、スコラ学派、デカルト、マルブランシュにおいては、瞬間は相互に独立したものと考えられており、そこから、神が実在を現実的に維持するのを止めてしまえば、ひとたび創造された世界もたちまち存在を停止する、という結論が出てくる。そこで、神は世界の実在を保存するために、世界を創造したのとまったく同じ作業を一瞬一瞬更新していると考えられた。それが「継続的創造」。デカルト『方法序説』第五章、および『省察』三、参照。

(11) ベルクソンの言う「空間化された時間」。

(12) ソロモンの筆になるとされる『伝道の書』は、「空の空なるかな、すべては空なり、(……)空にして風をとらふるがごとくなり」の無常観が全体を支配している。

(13) メーヌ・ド・ビラン(一七六六―一八二四)フランスの主意説的傾向の哲学者。「努力」を、あらゆる精神生活形成の基礎にある源初的な事実とみなした。彼によれば「努力は必然的に、運動するあるいは運動しようとする存在と、その運動に逆う障害との関係の知覚をもたらす。運動する主体ないし意志なしには、そして抵抗する項なしには、努力はありえず、努力がなければいかなる種類の認識も知覚もありえない」。

(14) 〈ex〉は外への運動の観念を表す接辞であり、〈existence〉は伝統的には、抽象的普遍的な「本質」が「外へ」と立ち現れた存在者の具体的個別的なあり方を言う。
ハイデガーはこの語に別の意味を与えたが(「序章」訳注(2)参照)、そこでも「エクス」外への運動は投企的構造として現存在の本質に組み込まれており、存在の意味をなす時間性は「おのれの外へと抜け出ている脱自〈exstase〉そのもの」だとされている。

このことは後に『ヒューマニズムについて』のなかでさらに明確にされ、「実存」〈existence〉の意味は、現存在がその頽落的様態から抜け出て「存在の明るみに立つこと」であるとされ、その「脱自的」性格は〈ek-sistence〉と分かち書きすることでさらに強調されている。この「脱自」は「世界内」から外へ出ることだが、サルトルは、世界内存在の志向性と投企の構造のなかに（つまり自己から外へと向かってゆき「まだそれでないもの」として存在する存在可能性のなかに）実存の脱自的性格を見ている。また「脱自」が苦痛と歓喜のないまぜになった「恍惚」として決定的重要性をもつジョルジュ・バタイユの場合、「脱自」はハイデガーと同じと考えてよいが、「おのれの外へと抜け出て」立つ「存在の明るみ」が、ハイデガーでは田舎の風景を潤す寛容で豊かな程よい陽光を思わせるのに対し、身を焼き尽くす直の太陽のようである。

いずれにせよ、ハイデガーに発する、あるいはそれと同時代的に現れたすべての「脱自」重視の傾向を、レヴィナスはここで〈extatisme〉として一括していると考えられる。それにレヴィナスが対置するのはいうまでもなく〈hypostatisme〉ともいうべき方向である。

(15)〈exister〉は〈ex〉と〈sister〉とからなっているが、この〈sister〉の部分が〈stance〉と同語根である。

(16)〈hypostase〉「イポスターズ」は、ギリシャ語で「下に身を置くこと、下に位置する（基礎となる）こと」ないし「下にあるもの（基礎）」を意味する「ヒュポスタシス」

〈hypostasis : hypo-stasis〉に由来し、ラテン語では〈substantia : sub-stantia〉がこれに対応している（〈hypostasis〉と同義、同構成で、下にある（立つ）もの（こと）、基になるもの（こと）の意だが、日本語では通常「実体」と訳されている）。したがってフランス語の〈substance〉との対応（同義性）が当然考えられるが、フランス語では〈hypostase〉と〈substance〉は一般には別の語として扱われている。

レヴィナスはこの語をまず第一に原義どおりに用いている。つまり「意識」は「ある」からの退避、この止むことなき「ある」の中断の可能性として考えられているが、それは「眠り」の可能性として、「身を横たえること」として生まれる。そのとき「ある」は生まれる主体の自己として、身体として抱えこまれるが、この自己を主体としての自我は以後永遠に担ってゆくことになる。つまり、主体の、意識の、自我の誕生は「下に身を置く」ことによって果たされ、そのことによって自我は「ある」という出来事を、自分のうちに身体として無意識として担いとるのだ。したがってこの主体〈sujet〉ははじめから僕〈sujet〉としての主体である。このことはいいかえれば、無名の「実存する」が「実存者が実存する」として「だれかの」実存になること、主語となって動詞を支配する「実詞」の出現でもある。「イポスターズ」の語をレヴィナスはこのように語源を汲み尽くす十全な意味で用いている。

この語が、術語化されたのはプロティノスおよび彼の同時代の教父哲学者によってだとされているが、このいずれにおける用法も、レヴィナスの言うように「哲学史において、動詞によって表現される行為が実詞によって指示される存在となる出来事を指し示していた」というふうには、通常は理解されていない。そこでレヴィナスがどのようにこの語の伝統的な使用を読み解いているのかを確認しておく必要がある。この語のもっともよく知られた用法は三位一体の教理における用法だが、そこでは、〈essence（本質）〉が神の自己同一性（父、子、聖霊が同一であること）を指すのに対し、〈hypostase〉は三位それぞれの固有性を示す「位格」を指すものとされている。

ついでに言えば後代の神学では〈hypostase〉は〈substance〉と〈personne〉との中間にあって、三者は同心円的内包をもつ概念として用いられている。つまり〈substance〉は〈hypostase〉より外延（概念の適用範囲）が広く、〈hypostase〉は〈personne〉より外延が広い。〈substance〉は、存在する全自然についてそれが〈substance〉をもっているとかいないとか言われるが、〈hypostase〉は自体的にみずから存在するすべての存在、いいかえれば主体たりうる存在について言われ、そのうち理性的主体だけが〈personne〉だとされる。だがこのような整理は後になってから生じたもので、はじめは〈essence〉と〈hypostase〉が対で使われていたが、この語が〈ousia（実有、実体、本質）〉と混同される傾向があったため、テルトゥリアヌスがラテン語の〈persona〉を導入してその区別を明らかにしたとされている。そしてこれらの用語が後に〈hypostase〉のラテン語訳〈substance〉も含めて上述のように概念的に整理されたようである。そのような事情から〈hypostase〉も〈personne〉も日本語では「位格」と訳されているが、いずれにせよそれは同一の本質（神性）のそれぞれの「存在様式」ないし「存在の仕方」といったものを指すことになる。

ところで、〈essence〉はラテン語〈essentia〉のフランス語形だが、これはほかならぬ「存在する」というラテン語動詞〈esse〉の名詞形で、「存在すること」つまり動詞としての、出来事としての「存在」を意味している。日本語ではこの語は「本質」と訳されていて、その原義はあとかたもなく消されているが、前述のキリスト教神学の精緻化にも例が見られるように、概念化された用語は言説の体系内での整合性に基づいて規定された意味によって原義から自立してゆくので、たとえばフランス語においても、この語が「精髄」とか「ガソリン」などの意で使われることを考えると、ただちに「出来事としての存在」を意味していると読み取られるかどうかははなはだ疑わしい。しかしレヴィナスは、後年この〈essence〉の原義をきわめて重視し、これを語法の中心に据えている（『存在するとは別の仕方で、あるいは本質の彼方へ』の後半は「存在することを越えて」とも訳せるし、レヴィナスはそう理解されることを求めている）。この発想は言葉に敏感なレヴィナスにとって、何も後年の着想だとは思われない。このことを念頭においてキリスト教神学（に限らなくてもいいわけだが）の〈essence〉と〈hypostase〉との関係を見てみれば、それは「出来事としての存在」つまり（この場合は神が）「存在する」ということ自体と、（神として）「存在するもの」との関係だということになる。そしてその「存在するもの」は「実体」といってしまうと語弊があるが（ラテン語ではしかし〈substantia〉である）、すくなくとも「実詞で示されるもの」である。さらにまたギリシャ語〈hypostasis〉もラテン語〈substantia〉も基本的には行為ないし出来事を指している。そのようなことからおそらくレヴィナスは、いささか埃をかぶった〈hypostase〉という語に「動詞によって表現される行為が実詞によって指示される存在となる出来事」を読み取っていたのだと思われる。

プロティノスにおけるこの語の用法は教父哲学におけるほど概念化されてはいないようだが、『エンネアデス』の第五論集のはじめに「三つの始元的なヒュポスタシスについて」という論文がある（日本語訳の題は、訳者が「ヒュポスタシス」に術語的な意義を認めていないため簡単に「三つの原理的なものについて」と訳されている。田中美知太郎訳『善なるもの一なるもの』、岩波文庫。中央公論社「世界の名著」も同訳者。以下引用は岩波文庫による）。

プロティノスの思想構成も基本的には教父哲学に似ている。つまり「三つの原理的なもの」があり、それはすべてを超越し存在を超越した「一者」と、その似姿で父なる「知性」、およびその影像のような生命を備えた自然原理としての「精神（魂）」である。これが三位一体だというと言い過ぎになるだろうが、プロティノス自身が付けたのではない論文の標題の「ヒュポスタシス」の用い方を見ると、少なくともこの標題には教父哲学の影響が反映しているのではないかと思わせる節もある。というのは、本文中ではこの語は必ずしもこの三つの原理的なものを実体的に指しては用いられていないからである。プロティノス自身はたとえばこの語を、「一者」と存在する諸物との関係を述べた一節で次のように用いている。「このゆえに、かのもの（一者）はけっして知性に含まれているようなもののひとつではないのであって、むしろそれらのすべてがかのものから出ているのである。そしてそれらのものがすでに独立存在としてある所以もまたそこにある。なぜなら、そのいずれもすでに限定されてしまっていて、いわば形容のごときものをもっているのであるが、およそ存在するものは無限定のうちにいわば観ぜられるがごときものであってはならないのであって、むしろすでに限界と立場で固められてしまっていなければならないからである。しかも直知されるもののために立場（スタシス）を固めるのは、定義（限界づけ）と形容なのであるが、これによってちょうどまたそれは存立（ヒュポスタシス）を得ることにもなるからである」（前掲書、七三ページ）。これだけでは分かりにくい文章だが、単純化を恐れず要約すれば、諸存在が「一者」から発して限定された個体ないし実体としての「立場」をもつことが、つまりは「ヒュポスタシス」を得ることだと言われている。

もうすこし詳しく見てみると、この「ヒュポスタシス」をもたらすのは「知性」である。ただしプロティノスにおいては「知性」と「存在」は「一」にして「二」、「同」にして「異」だ。というのも「知性は直知することによって存在を存立せしめ、存在は直知されることによって知性にその有り様を与え、直知することを得させているのである」（六三ページ）。そしてこの「存立せしめる」というのは「ヒュポスタシス」の動詞形である（このテクストには「基礎を与えて存立させる」という他動詞的用法のほか、「基礎を得て存立する」という自動詞的用法も見られる）。つまり「知性」がみずから知性として作用することが同時に存在（この場合は存在者と考えられる）を成立させることでもあり、それがすなわち「ヒュポスタシス」だということになる。そしてまた「知性」それ自体については、あらゆる点で完全であってすべてを含みもっている。「かくして知性は、同じところに静止したままの万物を、自己自身のうちに把持しているのである。そしてただひとえに『ある』だけなのである」（六三ページ）と言われている。「ヒュポスタシス」の語そのものには、この日本語訳では「存在基礎」とか「存立」といった訳語が与えられているが、以上のようなことからプロティノスの叙述のなかでこの語は、まさしく限定なしの「存在」における限定された「存在者」の出現という出来事を指していると考えることができる。そしてレヴィナスはまさしくこの語を、諸々の存在が実体としての「立場」をもち（「定位（position）」）、主語（主体）のない「ある」のなかでの主語「実詞」の出現を意味するものとして用いているわけである。

非概念的なものを探究の原理とするプロティノスの全論理のすべての点に目を配ることはここではできないが、プロティノスは概略「ヒュポスタシス」の語を、もっとも普遍的で無規定的なもの、そしてとりわけ名づけることのできないもの（にもかかわらずまさしく「ヒュポスタシス」によって「一者」と呼ばれるわけだが）が現勢化し、ともかく規定しうるものとなること、つまり個的な実体となること、あるいはそうなったものの在り様を「ヒュポスタシス」と呼んでいることになる。そして指摘しておくべきは、レヴィナスのような読みが可能になったのはハイデガーによる「存在論的差異」の「発見」以降のことだろうということである。それまで「存在」は「存在者」と混同されて考えられ、ほとんどの哲学は実体的思考の虜になっていたが、ハイデガー以降、〈essence〉のうち〈esse〉を見、キリスト教神学の伽藍を潜ってプロティノスの「ヒュポスタシス」のまさに存在論的差異に関わる意味を見透すことができるようになったわけである。

本文中に何度も繰り返されているように、レヴィナスがこの語に認めている意味にはいささかの曖昧さもない（「ある」という非人称の出来事のさなかにおける「実存者」の出現、動詞から実詞への転化）。すでに述べたように「イポスターズ」は従来「位格」「基体」「存立」「存在基礎」等々と訳されてきたが、これらの訳語はレヴィナスがこの語に見る「出来事」としての性格を表してはいない。この語はまた少し古い言語学のなかで、品詞の転用（たとえば形容詞を名詞として用いるとか、固有名詞が普通名詞化するとかの現象）をさすのに用いられ、「品詞転換」などと訳されていたことも付け加えておきたいが、おそらく現代ではもっとも多い用法として、たんに思考のうちにあるにすぎないものを実在する実体と考えること、という否定的な意味で用いられる。いわゆる「実体化」ということで、この用法では動詞形も用いられている。そして「悪い意味」とされているこの用法が実は、レヴィナスの用法にもっとも近いと思われる。「存在論的差異」が見失われているときに、この「差異」に関わる思考の表現が論理的誤謬として不分明として否定されることと、この語の否定的な用法の一般化とが無関係であったとは思われない。レヴィナス自身、「イポスターズ」によって生ずる主体が、「現代の脱存主義とは違って、ある意味では実体である」と述べている。しかしまたレヴィナスは、存在はつねに「存在者の存在」であるという前提に立っていたハイデガーの「存在」への意識を、さらに「存在者なき存在」にまで先鋭化し、もはや「存在」と「存在者」とを概念的に区別するにとどまらず、「存在者」とは混同されようもない「存在する」という動詞として取り出す（レヴィナスはこれを「存在論的差異」に対して「存在論的分離」という）。それによってこの区別は実詞でしめされるものと動詞で表される出来事との概念を越えた差異となる。このことがレヴィナスにとってきわめて重要である以上、「イポスターズ」においてもたんに実体化ということではなく、実詞への転化という点は強調されねばならない。そして〈hypostase〉が「実詞に転化すること」ないしその結果だとするなら、この語は一応「実詞化」あるいは「実詞態」と訳すことができると思われる。ただそうすると「基礎となる」といった意味は消えてしまうが、それは〈substance〉〈substantif〉が慣習としてそれぞれ「実体」および「実詞」と訳されていることからの制約である。

付け加えておくべきは、「下にあること、基になること」を意味する「イポスターズ」

は、レヴィナスの文脈のなかで「エクスターズ」〈extase：ekstasis〉との対比を浮かび上がらせるということだ。みずからの外に出ることを至高の自由とし、その栄光と悲惨を引き受けると主張するのが〈extasime〉「脱存主義」だとすれば、逃れえないみずからの存在をその下に身を置き担いとって立つレヴィナスの主体＝僕は〈hypostasisme〉「担存主義」を体現するとでもいうことができようか。

（17）このテーマは『時間と他者』（一九四八）で取り扱われる。

（18）ラシーヌ『アンドロマク』第一幕第一場、及び第四場参照。オレストは愛するエルミオーヌがポリス連合の決定でピュリスの許婚者とされ、彼女もピュリスに熱をあげていると知って絶望のうちにあり、それに救いの手をさしのべる腹心の友にこう語る。アンドロマクのことばは、トロイの盟主であった亡夫エクトールの仇ピュリスに保護され、エクトールの忘れがたみの助命をかたに結婚を迫るピュリスを前に、愛児の命と夫の祖国への貞節とに引き裂かれて口に出されることば。

（19）『創世記』第二五章参照。

（20）《Charité bien ordonnée commence par soi même》「秩序ある慈悲はまずおのれから始まる」（他人を慮るまえにまず自分に配慮せよ）という諺がある。

結論

一定の時間とひとつの歴史をもつこと、それが未来と過去とをもつことである。私たちは現在をもってはいない。現在は指の間から逃れてしまう。とはいえ、私たちが存在し過去と未来をもつことができるのは、現在においてである。現在というもののこの逆説――すべてでありかつ何ものでもない――は、人間の思考と同じだけ古い。近代の哲学はこの逆説の解消を試みて、私たちが〈存在する〉のははたして現在なのかと問い、この自明の理に異議を立てた。本源的な事実は、現在と過去と未来とが同時に関わり合いになっている実存であって、現在はこの実存を住まわせるいかなる特権ももっていないのではないか。純粋な現在とは抽象であって、具体的な現在は、過去のいっさいを抱えて成長し、すでに未来に向けて飛躍しており、それ自身の以前と以後にあるということではないか。人間の実存を、日付をもつもの、ひとつの現在に位置するものと考えることは、精神に対してもっとも重大な罪を、すなわち精神を太陽や列車のために作られた時計の時間に投げ込むという、物象化の罪を犯すことになるのではないか、と。

精神の物象化を避け、事物にとって有効な諸々のカテゴリーからは独立した、存在のなかの破格の位置を精神に取り戻させようという気遣いが、デカルトからハイデガーにいたるまでいっさいの近代哲学を駆り立ててきた。だがこの気遣いのなかで現在は——それが喚起する静的な相とともに——時間の力動性のうちに包括され、過去と未来の戯れによって定義されて、以来、現在をこの戯れから分離して別個に検討することは禁じられている。とはいうものの、人間の実存は安定性の要因を抱えている、つまり人間の実存とは、みずからの生成変化の〈主体〉であるということなのだ。近代の哲学は、主体の精神性のために、主体の主体性そのものを、すなわちその実体性を、犠牲にする方向に徐々に導かれてきたと言うことができる。

いまや実体を、生成変化の潮のもとで執拗に存続する不変の〈基体（Substratum）〉[1]と考えることはできない。なぜなら、もしそうだとすれば、この不変の〈基体〉と生成変化との関係、その基体の存続に影響を及ぼすような関係を理解できなくなるからだ。この関係を本体（nouméne）[2]として時間の外に置くのだとすれば別だが。しかしそうなると時間は、存在の経済のなかで本質的な役割を演じるのをやめることになってしまうだろう。

主体性を生成変化の外に置かず、それでも理解するにはどうしたらよいのか。時間の諸々の瞬間が、それの出現する無限の系列から発して存在するのではなく、瞬間もまたそれ自身から発して存在しうるのだという事実に立ち戻ることである。瞬間にとって、それ自身に基づくこの存在の仕方、瞬間がそこからおとずれる過去とのこの断絶の仕方、それが、瞬間が現在であるということなのだ。

現在の瞬間は主体を構成するが、この主体は、時間の主人であると同時に時間に絡めとられたものとしてみずからを定位する。現在とは、〈一存在〉の始まりである。この論のなかでたえず立ち返る「……という事実」とか「……という出来事」、「……の成就」といった言い方は、この動詞から実詞への転換を言い表し、実詞化の瞬間にある諸存在——いまだ運動でありながらすでに実体である——を表現しようとするものだ。これらの言い方は、諸々の状態を出来事として扱おうとするひとつの一般的な方法に適っている。主体の真の実体性は、その〈実詞性〉にある、つまり、ただたんに存在一般のいくばくかが無名のままにあるのではなく、名前を受け容れる存在たちがある、という事実のうちにある。瞬間が存在一般の無名性を断ち切るのだ。瞬間とは出来事であり、この出来事によって、演戯者のないまま演じられる存在という戯れのなかに、演戯者たちが実存のうちに立ち現れる――それが、存在を属詞としてもつ実存者たちだ。もちろん、存在とは例外的な属性ではある。が、しかし属性なのだ。いいかえれば、現在とは、実存者がいるという事実そのものなのだ。現在は実存のなかに、実詞の卓越性とその支配と、そして男性的資質をもちこむ。ただそうした特質は、自由の概念が暗示しているようなものとは違う。実存が実存者にいかなる障害を差し出そうとも、また実存者がいかに無力であろうとも、実存者は自分の実存の主人である。ちょうど主語が属詞の主人であるように。瞬間のうちで、実存者は実存を支配する。

　しかし、現在というものは哲学的省察の出発点でもなければその到達点でもない。到達点などないのだ。現在は、時間と絶対との出会いを示しているのではなく、実存者の形成を、主体の定位を示している。実存者の形成は事後的な弁証法を受け入れやすいし、その弁証法を時間が成就させる。実存者の形成がその弁証法を呼び寄せるのだ。というのも、無限の織り糸を引き裂きまた結ぶ現在に発する存在への関わり合いは、緊張と痙（けい）攣（れん）のごときものを帯びているからだ。それは出来事なのだ。漸消によって、瞬間は過去からその存在を受け取ることのない純粋な現在であることができるが、それは遊戯や夢のような無償の消滅ではない。主体は風のように自由ではなく、すでにひとつの運命、主体が過去や未来から引き出したものではなく、みずからの現在から引き出したひとつの運命なのである。存在への関わり合いは——たとえ瞬間が、実存のなかに唯一見てとられた過去の重みからすかさず抜け出るとしても——それ自体の重みを帯びており、それは瞬間の漸消によっても軽減されることはなく、また瞬間によって形成される単独の主体も、それに対しては無力なのである。その解放のためには、時間と〈他人〉とが必要なのだ。

現在は出発点ではない。この緊張、定位というこの出来事、瞬間のこの〈立ち止り〉は、観念論的な自我の抽象的措定とも、つねに〈いまここ〉を溢れ出るハイデガー的なダーザインの世界への関わり合いとも違う。それは、地面に、土台である分離しえないこの〈ここ〉に身を置くこと、定位することである。それが、主体の実体性と精神性とを二つながら納得させてくれる。定位において、定位が成就する場所との関係において、〈ここ〉において、私たちは、無名で仮借ない実存一般に口が開き、私的な領域に、内面性に、無意識に、眠りとそして忘却に、場を与える出来事に出会うことになる。つねに目醒めであり想起であり反省である意識は、そこに背中合わせになっている。瞬間という出来事、実詞性は、扉の敷居の上に実存するという可能性を含みもっている。ひとはその扉の背後に身を退くことができるのだ。そして近代の思考が意識の背後に予感していたのはその扉の背後なのである。意識は、「無意識」や「眠り」そして秘蹟という奥底がなかったら、たんに不完全だというだけではすまされない。意識の、意識という出来事そのものは、自分のために出口を用意して〈存在する〉こと、エピクロスの神たちがいるこの存在の隙間のようなところにすでに身を引いているということ、そしてこのようにして無名の実存の運命から身を引き離すということのうちにある。きらきらと瞬く光、そのきらめきがあるのは消えるからこそであり、それは、あると同時にまたないのだ。

定位の概念を強調するからといって、私たちは、本質的に思考であり認識である〈コギト〉に、なんらかの意志ないし感情、あるいは気遣いを、思考よりもさらに根本的なものとして対置しようというのではない。むしろ逆に、私たちは、光と明るみ——そしてそれと結びついた自由——の現象が、意志と感情とを支配していると考えているし、諸々の感情は「内部‐外部」のモデルに従って形成され、ある程度まではまったく正当にデカルトやマルブランシュが考えたように、われわれの身体に影響を及ぼす外部についての「定かならぬ思考」ないし「情報」たりえたし、内部から外部へと運動する意志は、世界と光とを前提としていると考えている。感情と意志とは、〈コギト〉の後に存在するものだ。デカルトやハイデガーにいたるまで、意志と感情はコギトの展望のなかで考えられて来た。つねに対象が、つまり思考対象（cogitatum）が求められてきた。そして意志や感情は、総じて把握として分析されてきた。

しかし〈コギト〉の背後に、というよりむしろ〈コギト〉が「思考するなにか」に帰着するということのうちに、私たちは存在が「内部」と「外部」に分裂する以前の状態を識別する。〈超越〉は、存在論的冒険にとって基本的な歩みではない。逆に超越は、定位の非‐超越のうちに基礎をもっている。感情の「曖昧さ」は、たんなる明るみの否定であるどころか、明るみに先立つこの出来事があることを証している。

主体としての自我を肯定することで、私たちは脱自とは違ったモデルにしたがって実存を考えることになった。実存を引き受けるとは、世界に入ることではない。「実存する対象はいかに構成されているのか？」という問いと真の意味で区別された「実存するとはどういうことか?」という問い、この存在論的問題は、存在の外と内への分裂以前に立てられる。存在への登録は、世界への登録ではない。主体から対象へ、自我から世界へ、一瞬間から他の瞬間へと導く道は、一存在が実存のなかに置かれる出来事としての定位を通過しはしない。この定位があらわになるのは、人間に、彼自身の実存が吹き込む不安のなかでである。そのときまでは馴染みきっていた自分がそこにいるという事実が異様に思えたり、ごく習慣的でごく避けがたいこの実存を引き受けるという必然性が、突然理解しがたいものとなるときである。つまるところそれが、いっさいの学知ばかりか終末論や弁神論さえ蔑(なみ)する人間の運命の真の問題なのである。この問題は、どのような「歴史」が人間に起こりうるのかと問うことでもなければ、いかなる行為が人間の本性に適っているのか、あるいは現実のなかで人間がいかなる位置を占めるのか、と問うことでもない。こうした問いはすべて、ギリシャの合理主義によって与えられたコスモスのなかで、世界という劇場のなかで立てられていたものだ。そこではすべての席は、実存者たちを迎え入れるためにあつらえられている。私たちが追い求めた出来事は、この席の割り当てより以前にある。この出来事は、存在のうちに存在者たちがあるという事実そのものの意味に関わっているのだ。

訳注

（1）「基体」〈substratum〉は、物の性質状態の土台としてそれらを担っていると考えられるもの。ギリシャ語の〈hypokeimenon〉（下に横たわるもの、基礎にあるもの）のラテン語訳で、論理学的、文法的には「主語」を指す。一方「実体」（ラテン語では〈substantia〉、ギリシャ語は〈usia〉）は、生成変化するものの根底にあり、変化によって様態を変えながらも同一にとどまる持続的なもので、諸性質の担い手と考えられる。アリストテレスが実体と認めたのは主として具体的な個物（主語となっても述語とはならないもの）だが、彼はこれを種々の性質とそれを担う基体との統一体とみなした。

この箇所はやはりハイデガーへの反論である。ハイデガーは「現存在はそのつど誰であるのか」という問いについて次のように書いている。

誰かは、自分自身「主体」「自己」にもとづいて解答されている。誰かは、態度や体験が変化しても同一のものとしておのれを持ちこたえており、そのさいこうした多様性に関係づけられている当のものなのである。存在論的にはわれわれは、このものを、一つの閉ざされた領界のうちで、またこの領界にとって、そのつどすでに不断に事物的に存在しているもの、すぐれた意味において根底に横たわっているもの、つまり「基体」だと解する。この基体は、さまざまな別様のあり方をとりながらも自同的な

ものとして、自己という性格をもっている。（『存在と時間』第二五節）

（2）プラトンが、感覚的認識の対象である現象に対して、理性（ヌース）によって捉えられる超感覚的な対象（イデア）をこう呼んだ。カントでは「物自体」が本体と呼ばれる。

訳者あとがき

ここに訳出した『実存から実存者へ』は、エマニュエル・レヴィナスが第二次大戦明けからほどなく一九四七年に世に問うた、すでに四十年前の著作である。いまではよく知られているように、若くしてハイデガーの『存在と時間』に震撼され、一九三〇年代初頭に現象学とハイデガー哲学のフランスにおける先駆的な紹介者として哲学的経歴を始め、「存在論的差異」すら充分に理解されていなかった三〇年代に、すでに独自の視点からその批判的展開を繰り広げていたレヴィナスが、世界を襲った戦争の歳月を、その只中に隔離された捕虜収容所で過ごし、不在のままに現前する戦争と期限なしに向き合いながら思索を深め、それまでの哲学批評のわくをこえてはじめて独自の哲学を呈示したのがこの本である。だが、四十年前のこの本、そして題名そのものがすでに、いまでは顧みられることのない一時代への帰属をあからさまに示しているこの本がいま翻訳されることとの「時代錯誤」は、これが近年とみに注目されるレヴィナスのいわば最初の主著だという口実によってのみ正当化されるわけではない。ひとつの文明の歴史の「終焉」と呼ばれる一時機に、文字通り世界の「エポケー」のなかから生まれたこの本には、現代を根底で条件づけるある本質的なそういってよければ「ヌーメナル」な洞察が開示されている。けっして預言的だったわけではないここで語っている言葉が、「終焉」の後もいささかも進展をやめないかにみえる「世界」にこころ奪われたわれわれの耳に届くには、祭りの後の酔醒めともいうべき全般的「エポケー」が訪れるのを待たなければならなかったのだ。錯誤していたのは時代のほうであり、この酔醒めのなかでわれわれがあらためて直面すべき状況を、この本は呈示しているように思われる。

レヴィナスの最初の著作『フッサールの現象学における直観の理論』(一九三〇年)が、サルトルを現象学にみちびいたというのは有名な話だが、レヴィナスは三〇年代のフランスで現象学とハイデガー哲学にもっとも透徹した理解を示していた人物のひとりである。だが、レヴィナスの歩みはハイデガーにつき従うことではなく、ハイデガー以前に戻る(存在をふたたび存在者のうちに見失う)ことはできないけれどまたその「風土」にとどまることもできない、という方向をすでにもっていた。それにはいうまでもなく、一九三三年のハイデガーのナチスへの哲学的加担と、全ヨーロッパを覆う反ユダヤ主義の高まりのなかで、ユダヤ人のさらされた運命への抜き差しならない関心が深く関わっていた。その点ですでにレヴィナスの思考は正統的な哲学に対する偏差を孕んでいたわけだが、そのうえかれは戦争中の五年間を世界から隔離された捕虜収容所で過ごした。その間にフランスの哲学界では、ラインの向う側から相次ぐ津波のようにしてこの地になだれこんだヘーゲルとハイデガーとの二重の衝撃が、明らかに歴史性を異にするこのふたつの哲学のアマルガムとして「フランス実存主義」を生み、ヘーゲル的な完結した内在の世界、労働によって作り出された人間的世界、自我の光りが照らし出す昼の明るみの世界が、じつは根拠なく宙吊りにされているという「不安」にときとして脅かされながら、そこに「投げ出されてある」ことの「受難」を決意性によって引受け、「ねばねばしたもの」に「吐き気」を催して踵(きびす)を返し、ひたすら「人間的」に意味のある「世界内」での投企に没入するという、「ハイデガー以前」的な（ハイデガーまでは行ったがそこから引き返すという）哲学が台頭していた。レヴィナスのこの本が出たのは、ちょうどその哲学が全盛期にあるとき、つまりサルトルの実存主義のマニフェストとも言うべき『実存主義はヒューマニズムである』が出版された翌年だった。その頃夥(おびただ)しく現れた「実存」の文字を表に刻んだ書物の海に、この本も同じ資格で投げ込まれたわけだが、ここでは「実存主義のキーワード」がまったく違った気配をもつ思考の運動のなかに織りこまれている。しかしこれらの用語はサルトルの言説の流通力によって受容の意味と方向をすでに規定されており、似て非なる用語をもつレヴィナスの言説は、兌換性をもたない紙幣のように映ったことだろうと想像される。この題名が引き起こす連想の無効なことをあらかじめ知らせるように、この本の帯には、「ここでは『不安』は問題にされていない」と書き込まれていたというが、そのささやかな差異の主張も、「実存的不安」の喧騒にたちまちかき消される呟き以上の効果はもたなかったようである。事実、この本は、バタイユ、ブランショなど実存主義には批判的な少数の、しかし重要な反応をのぞいては、ほとんど一般の関心をひくことはなかった。その後の「レヴィナスの忘却」は、レヴィナス自身がユーモアをこめて回想しているように、サルトルのノーベル賞拒否に感動したかれが賞賛の手紙を送ったとき、サルトルは自分を現象学にみちびいたその差出人の名前に記憶がなかったというエピソードが、なにより雄弁にものがたっている。

いまではそうした時代の気配のバリアーがないだけに、その分だけこの本も近づきやすくなっており、「志向」の真摯さ直截さも、「糧と享受」の瑞々しさも、「ある」や「不眠」の水際立った記述も、字義どおり身を横たえることとして定義される「イポスターズ（実詞化）」の端的な具体性も、概念的にというよりは触知するように理解することができる。

そしてたとえば「いかに逆説的に響こうと、絵画とは視覚との闘いなのだ」といった言明も、いまではすでに親しいものだと言ってよいだろう。そういう各部分の鮮やかさにもかかわらず、それでもこの本が一見読みにくくつかみどころのない印象を与えるとしても、それはここに展開されたことがらが、来たるべき深化のためのモチーフの素描だからといったことのためではない。たしかにここでは、通常の周到な哲学書のように概念設定と方法の呈示といった段取りは踏まれていないし、とりわけ最初の章では記述の枠組みと位置づけが明らかでないといった印象を与える。つかみどころのなさとは、裸であることの固有の性質だと言われているが、ここではそのつかみどころのなさが、すでに明確な方法の、つまり裸にするという方法の、いいかえれば「世界の還元」の適用の結果なのである。

この「方法」の意味は、この本が問題設定を共有しつねに批判的な参照項としているハイデガーの『存在と時間』と比べてみることで明らかになるだろう。『存在と時間』の場合は、まず問題とその性格、そして記述の枠組みが設定され、そのなかで対象（現存在）が規定され、その様態が分析され、その分析をとおして現存在とそれを越えるもの（存在）との関係が描き出されてゆく。この場合「存在」はつねに「存在者の存在」であり、その「存在」へは「存在者」をとおして近づけるわけで、現象として記述しうるのは「世界」だという前提からして、この方法は「世界内」から出発する。そして対象たりえない

「存在」は「世界」には属さず、それゆえにこそ「存在者」に対して優位に立ち、「存在者」はそれと身を添い合わせることではじめて「本来性」を獲得することになっている。したがって「世界内」から出発し、それ自体記述しえぬ存在を現存在の記述のなかに開示してゆくというハイデガーの方向は、そのまま「存在の優位」という問われることのない前提に対応している。そしてこの「存在者から存在へ」という運動の要となるのが「脱自、外へと立ちいでること」である（脱自については「実詞化」訳注（14）参照）。この「脱自」によって世界内に「頽落」した存在者の「存在」への復帰、というよりみずからの存在の再把握がなされ、実存は本来性を獲得する。このように、ハイデガーにおける「存在の優位」は「脱自」という考えと不可分に結びついており、「脱自」は「存在の優位」をいわば実践的に保証している。そしてハイデガーの方法もこの「脱自」の構造にそのまま見合っている。

しかしレヴィナスはこの「存在の優位」という前提とそれを実現する「脱自」という考えを排する（それがいかなる理由によるものかは後で示唆できるだろう）。この違いが決定的である。この違いが「存在論的差異」をもとにしながら、言説の方向とそこに同じように配置される諸々の概念の意味の方向を決定的に変えてしまう（そして「実存する」と「存在する」との区別は重要性を失ってしまうことについては「序章」訳注（2）参照のこと）。ハイデガーの場合には「存在論的差異」は、「世界内」から出発しその構成的・実定的「世界」を介して現存在の脱自的構造を記述してゆくという方向をみちびくことになるが、レヴィナスの場合、実存の問題は「世界」を媒介にして立てられるのではなく、むしろ「世界」以前の「実存者が実存する」という裸の事態が問題にされる。これはレヴィナスにとって、裏のない単純な事態である（つまり、頽落から抜け出て本来性を獲得するといったからくりはない）。レヴィナスはそれがどのような出来事なのかということの記述からはじめる。そのきっかけとなるのが、ハイデガーが日常的時間の外においた脱自の「瞬間」である。この「瞬間」から「脱自」の意味を抜き去って、レヴィナスはそこに「実存者が実存する」という二重性の成立、不断に生じ不断に汲み尽くされている「実存者の誕生」という出来事をみる。

「実存者の誕生」は構成された「世界」のうちで起こるのではなく、世界から切り離された孤独な実存の様相としてあらわになる。そしてこの「誕生」は世界の「中断（エポケー）」のなかで記述される。そこにレヴィナスがフッサールから独自の理解によって受け継いだ「現象学的還元」の適用がある。しかしそれは主体を前提とした事象そのものの記述ではなく、まさしく「世界」と相関する主体がいまだない、主体がまさに生まれそして死ぬその裸の状態を「あらゆる反省に先立つ次元」で出来事として記述することである。

ここでは「疲労」「努力」「抵抗」といった様態が取り上げられるが、心理学や主意説的哲学での場合のように、すでに確立している主体の疲労や努力ではなく、また抵抗もすでにある主体の出会う抵抗ではなく、主体の成立の要件となり主体がその抵抗を抱えつつ主体となるような、未生の様相であり、何よりそれが生まれ出る出来事として記述される。とりわけ最初の章のつかみどころのなさ、輪郭のなさは、それが「世界」を括弧に入れて裸の実存の様相をじかに記述することを試みているということのためである。そして付け加えておけば、レヴィナスはこの「世界の還元」を、「世界の終末」という歴史の一時機に重ね合わせて想定している。

「序章」にすでに示されているように、レヴィナスは「存在」が「悪」だという。ただ、この言い方は唐突であるにちがいない。「存在」とは、いかなる意味でも対象にはなりえない出来事であって、あれこれの事象のように判断の対象にはなりえない。存在が対象ではないからこそハイデガーが考えたように「存在」への問いの練りあげがそれ自体「存在」の開示に通ずるのである。だがレヴィナスは「存在」が現出しうると考えている。ハイデガーにとって「存在」とはあくまで「存在者の存在」（存在するものが存在するという事態）だったが、存在者の「存在者性」が失われてしまえば、誰がでも何がでもない、主体（主語）のない「存在する」だけが浮かびあがる。それは非人称の存在、というより存在することの非人称性そのものである。それをレヴィナスは「ある」と呼ぶが、主体がその主体性を奪われるとき、ひとは文字通り誰でもない「ひと」となってその非人称性に呑み込まれる。それは対象的にとらえられる事態ではないが、ときとして生きられはする出来事であり、それを生きる主体のない出来事にも「体験」という言葉が使えるなら、「ある」は体験される。それも苦痛として、悲惨として、貧しさとして、あるいは暴力として、非情さとして、病として、つまり「悪」として、主体のない受動性のなかで体験されるのだ。「ある」の非人称性には限りがない。非人称性とは遍ねき広がりだ。それは「欠如」ではない。なぜならそれは「存在する」の充溢なのだから。そこには「死」すらない。誰も個別に死ぬという意味をもちえないからだ。そういう事態をレヴィナスは想定している。それは「存在者に対する存在の優位」を不問の前提としたハイデガーの、けっして想定しなかったことである。「悪」はいうまでもなく求められるものではない。むしろ「悪」とは忌避されるものの別名だ。だからこの「ある」からこそ身を避けなければならないが、また「ある」のさなかにしか実存もない。

「存在」を「悪」に結びつけることは、それをつねに「善」の側に思い描いてきた形而上学的思考を逆なでし、その様態に根本的な組み替えを要求することになる（これについては「序章」訳注（6）を参照のこと）。もちろんここに、遺棄と流浪の境涯を生きる知恵でもあったジュダイズム（ユダヤ教）の伝統の影を見ることもできるが、この逆転は、現代世界の体験が形而上学に突きつける疑義でもあり、「存在」をめぐる思考をあらゆる理想主義（思考の観念論的倒錯）から追放するものでもある。形而上学の宿痾（しゅくあ）ともいえるこの理想主義（「存在」を「善」として構想すること）を断ち切って、なお「生きる」こと（実存）を肯定するところにレヴィナスの思考の根深い力強さがある。

＊

ここで、あまり見通しがいいとはいえない本書の内容を簡単にたどっておこう。

レヴィナスはまず、「瞬間」が不可分なものではなく内的に分節されており、そのなかで「実存者」の誕生という出来事が起こっていることを示す。しかしこれは「本来的実存」の誕生などではない。実存者の誕生とは主語が動詞を支配するように、主体が存在を支配して立つことだが、この主体はみずからの実存を重荷として引き受ける従属者でもある。それがまず「下に身を置くこと」としての「イポスターズ（実詞化・実体化）」だ。この在ることと持つことの二重化、そしてみずからを所有することの重みに喘ぐこと、それが実存の基本構造だとされる。さらに疲労や怠惰といった「現在」への「遅延」をもた実存者がらす実存の様態のなかで、その引き受けという行為があらわになるということ、実存者が実存することから逃れることができず、実存とはすでに行為であり、存在への登録であってもはや実存の旅をつづけるほかはないことが示される。

この「ずれ」にかいま見られる実存の二重性、そこにすでに起こっている実存者の誕生（イポスターズ）、そしてそれによる自我の自己への繋縛、それだけがいってみればこの本に語られることの骨子となっている。以下の各章では、この実存者のあり方が、実存者がそこへと生まれる与えられた「世界」、次に実存者がそこに浸されそこから生まれる純粋な存在としての「ある」、そして「ある」のなかでの「ひだ」のように「ある」を「自己」として抱えこみながら主体が定位される出来事としての「イポスターズ」、という三つの局面がそれぞれ記述されることになる。

レヴィナスは「世界」を、志向性によって認識の次元で構成された世界であるより以前に、一義的な欲望としての「志向」に与えられたものとして見出す。ハイデガーは世界内の諸事物を「用材性」によって規定し、世界内存在としての日常的現存在を本来性を失った「頽落」として規定したが、レヴィナスは、事物が用材性には還元されないこと、「志向」に差し出された事物はまず「糧」であり、この糧は欲望にあらかじめ「充足」を約束しているということ、そして実存は乏しい世界に投げ棄てられたのではなく、「世界」は与えられてあるという豊かさそのものであることを強調して、ハイデガーの規定を転倒する。

また、この志向の「真摯さ」は、意識が「実存との関係」から「世界との関係」へと向かうその一途さである。実存することへの躊躇として「疲労」のうちに現れた「ずれ（間隔）」が、ここで志向の「隔たり」となる。その隔たりを「光」が埋め、世界内の自我は内面と外界をもつが、その光によって外部は内部に包摂され（内面化され）、それが「知」としての意識となる。そしてこの意識いいかえれば志向性が、いっさいの対象に関係しながらそれから自由であるという自我の権能を保証する。実存が自我に密着してその重荷となるのに対して、志向性としての意識は、自我に「手ぶらの所有」を可能にするのだ。

ハイデガーが、そこでは「存在」が問われないがゆえに「頽落」と規定した「世界内存在」の性格は、レヴィナスにおいては「存在のさなかにあって存在から離脱する可能性」として、「ある（存在）」の無名の運命に対する抵抗として、ことごとく積極性に転化される。

「世界なき実存」の章では、芸術による諸対象の「世界」からの分離と、「世界」の想像的な無化によって「ある」そのものが記述される。「芸術の無関心」が意味するのはこの「世界」の還元であり、芸術の感覚の運動はひとを対象から引き離し非人称のエレメントへと開くのだということ、そしてまさしく現代芸術の試みが示しているのは、世界の瓦解のなかに現れる「世界」の外の現実（実在）をそれ自体において呈示することだということが語られる。そのとき、この現実は鈍く重々しく悲惨なもの、不気味でとらえどころのない物質性として呈示される。そこに表現されたのは「存在の不定形のうごめき」であり、「ある」という事実そのものなのである。

それは描かれた「ある」だが、生きられる「ある」という出来事も想像される。意識が「ある」から引き離されていることだとすれば、「恐怖」は意識からその「主体性」を奪いとり「ある」に返す。それはあらゆる実体の否定のさなかに回帰する、いわば死の不可能性である。「ハイデガーの不安が見出す純粋な無は〈ある〉ではない。存在の恐怖は無の不安に対立する。存在するのが怖いのであって、存在にとって怖いのではない。任意の『何か』ではない何ものかに引き渡され、それに捕らえられていることの恐怖なのだ。」「不在の現前としての〈ある〉は矛盾を超え出ている。〈ある〉はその反対物をも包摂し支配する。その意味で存在には出口がないのだ」。そして「無」は存在の限界ないし否定としてではなく、意識の可能性としてとらえなおされる。

意識は「ある」の中断として、不眠の目醒めのなかで身を横たえるという行為から眠りによって生じる。それが意識の「定位」だ。「土台の上に身を置くことで、存在を抱え込んだ主体は凝集し、立ち上り、自分に詰め込まれたいっさいのものの主人となる」。そして「ここ」が、なにものにも準拠しない主体の不動性の根拠となる。それが、無名の「ある」のなかに「ひだ」として生ずる意識、動詞で示される出来事のなかに実詞で表される主体の、実存者の出現、すなわち「イポスターズ」である。また、場所に身を置くことは「身体」という出来事として語られ、「ある」の物質性は身体として、自己として自我の支配をうけることになるが、この意識はまた身体につねにつき纏われている。

だがこのきわめてプリミティブな主体は、瞬間のなかに閉じ込められた単独の主体である。この主体が自我の自己への繋縛を断ち切るためには時間が始動しなければならないが、単独の自我にはそれが不可能で、そこには「他人」の「他性」の介在が必要になる。それゆえ社会性にほかならない時間が次の課題として浮かびあがる。

すでに「世界」の章で先取りされていたが、「他人」との関係は「世界」からの退避として、「世界の外」に位置するものであり、また、「愛（エロス）」は一義的な充足をもたらす「糧」の関係とは違って充足のなさそのものを積極性とするものである。そしてその二つの契機に「孤独」の閉塞を解く可能性が示唆されていたが、このことは意識を「ある」のなかでの「ひだ」としての「ある」からの退避としてとらえることと一貫して、レヴィナスの論理の特徴を際立たせている。つまりそれはある限界から「外に出てゆく」運動ではなく、無限のもの逃れえぬものから内へ内へと退避しながら不可能な離脱を試みる運動である。眠りの可能性としての意識の定位は、脱出を諦めて、鯨の腹のなかで眠るヨナになぞらえられているが、退避のなかに積極的なものがつぎつぎと見出されるという逆説が、なにより「常識と諸国民の叡知」を覆すこの「出口を求めない」思考の力業である。

*

逃れようのない「ある」の概念は文字通り収容所のなかから生まれてきた。だがそこからの脱出も収容所のなかにある。孤独にとじこめられた実存とは、収容所の囚人に酷似している。そこには強制労働がある。日々の生活で思考にわずかに残された時間は疲労に浸(ひた)されているだろう。その疲労のなかで囚人は自分の実存に取り残される。そこではどんな自我も従属を強いられている。なにより不眠の目醒めのなかには、かれをそこに閉じ込めている戦争が不在の現前として回帰するだろう。そして、戦場にあって夜の歩哨に立つ兵士にとって、眠りとは唯一可能な自分だけの実存ではなかっただろうか。収容所のレベルでの生、戦争のなかの退避所としての生、孤独な自己との差し向かいの生、だがそこにも自由の幻影はある。そして「糧」の「享受」がある。一抹の光がある。そこに一種の豊かさを、自分の私的な世界を見出すことは、「ある」に対する抵抗であり、脱出の不可能性をひとつの積極性へと転化してゆくことである。ともかくそこには、存在忘却の時代を「困窮」と呼び「存在」への郷愁を肯定したハイデガーへの抵抗以上のものがある。だが、その「糧」が命を燃やすだけの燃料に変わるとき「退避所」という「世界」も崩壊し、「時間の蝶番がはずれる」。それが「アウシュヴィッツ」だったと言ったらよいのだろうか。

この本に呈示された思考が、今世紀にユダヤ人の置かれた運命に深く結びついているとしても、この思考の重要性はただたんにユダヤ人にとってのみのものではない。それは西欧全体の、そして西欧が世界化としてみずからを完成したのだとしたら、世界の運命に根底で関わるものである。そのことは、「存在」の、「ある」の浮上が哲学的になんであったかを考えてみることで明らかになる。そういってよければ、「存在」の意識とは、「世界の完了」ないし「歴史の終焉」からその必然の結果としてじかに生ずるものなのだ。哲学が西欧という一文明の自己意識だったとして、外的世界を対象化し人間のものとして同化する意識がそのすべての労働を終え、もはや同化の対象をもたなくなったとき、ヘーゲルは歴史の終焉を語ることができたが、それで世界は不動の安息に安らぐわけではなく、世界化した意識も成就された壮大な「作品」を墓碑に永眠するわけではない（そうだとしてもよいわけだが）。対象を同化し尽くし全体となった意識は、このときはじめて「対象の不在」という事態に、いいかえれば「無」に直面し、「対象のない意識」となる。この意識こそ、客観的に認識され、技術的に到達しうる構成された実体的世界（ヘーゲルの内在の世界でありハイデガーの内存在の世界でもある）の外に開かれる「存在」すなわち「存在する」という出来事を告知する「不安」だったといえるだろう。

ハイデガーが「気分」を分析するのは、現存在の存在様態の分析を通じて「存在」に近づくためだった。歴史が終焉し否定性がその仕事を終えたとき、ヘーゲル的主体性は全体性に預け上げられ、世界のすべては現実となった理性の秩序におさまって、以後なにひとつ新たなことは起こらない。それも本当である。しかしヘーゲルは事物ばかりでなく人間をもみずからを作品として作り出す行為によって規定したため、完了した世界にあって人間そのものも不動の作品と化してしまった。人間すら個人であるかぎりそこではいわば「適所性」をもつのだ。それでも、人間を事物と混同することはできない。「用材性の指示関連」のなかに置かれ「適所」におさまる事物の存在と区別して、ハイデガーはこの「終焉」の世界における人間（現存在）のありかたに「日常性」を発見したのだ。だれもが世界に埋没しだれでもない「ひと」となって単調さだけを呼吸する世界とは、その「終焉」の世界における個人の様相なのである。ヘーゲルは、新聞を読むことが現実主義者の朝の礼拝だ、といっていなかっただろうか（ひとはそれと意識することなく見えない他者の支配を引き受け、他者の支配を強化する。新聞を読むときひとはそうしているとハイデガーは言っている。現存在を「ひと」と化すその「日常」の非人称性、中性と均等性と公共性を特徴とする共存在と「ある」との関連はここに根拠をもつ)。

このようにハイデガー的な問題設定はすみずみまで「歴史の終焉」の直接の帰結という性格をもっている。ともあれ、「存在者」と「存在」とが区別されその「存在」が問われるようになったとき、ハイデガーは存在者を存在に従属させ、それを実際に存在する者の根拠とした。日常的な現存在のうちに失われたその「存在」に対する「郷愁」が、その後もハイデガー哲学を動機づけているように思われる。しかし、「存在」がいかなる実体でもなく、同化の余剰として露呈する「存在する」という出来事だとすれば、そしてその露呈がまた「歴史の終焉」という不可視の出来事にともなうものだとすれば、「存在」とは、征服(同化)の道程では対象に目を奪われて志向性のなかに見失われてきた同化の運動そのもの、同化の力そのもの、そして歴史の終焉とともに対象を失ってそれ自身があらわになる力、いいかえれば「否定性」だということになる(その意味で「ある」は「エス(それ)」と同時代的であり、「力の場」だというその「質料性」も含めて「ある」は「エス」のあらゆる特徴を備えている)。

征服の旅は終わり、ヨーロッパの制覇は完了した(ヨーロッパは世界となった)、ふっと一服、「無為」のとき、しかしどうも所在ない、どうも手応えがない、自分はまともに存在していない、存在しなければならない、充実を取り戻さなければならない。それがハイデガー哲学のモチーフの根本的「気分」だといったら不謹慎だろうか。しかしヘーゲル—ハイデガーの連鎖をたどるとき、事態はあたかもそのように推移したように思われる。そして存在への郷愁はたちまち戦争として開花し、そして死を前にした決意によって「本来性」を獲得した実存は、その「存在の明るみ」に立って「共同体」の運命を全うすることになったのである。そしてこの戦争はそれまでの局地戦とは違って、いまや大文字の「戦争」、全面戦争だった。

ハイデガーの「存在一般」とレヴィナスの「ある」とは、その意味でまったく同じ事態を指しているといっていい。だがレヴィナスはこの「ある」をはじめからそれが西欧的規定における「悪」としてとらえていた。そして歴史が非情にも、レヴィナスの見通しを現実にしたのである。レヴィナスの思考はこの「存在復興」の運命のなかで試され続けた。

ただ、レヴィナスはこの「ある」を否定しようとするのではない。「ある」は否定のさなかに回帰し、あらゆる否定ののちにもなお残るその残余である。人間が存在する、その限りで「ある」は根絶できないし、「ある」から抜け出ることもできない。むしろこの「ある」を前提としてそこに立たなければならない。それに、否定の暴力が身に及ぶとき「ある」はその否定に対する最後に残された場ともなる。そしてそこから出発して、おのれの欠如にうながされて外へと向かう征服の主体としての自我ではなく、「ある」の過剰のさなかでその内に引き籠もることによってひだをつくり、その折り目を幾重にも重ねて立つ「別の人間」の存在の可能性を求めること、それがレヴィナスの思考だといっていい。その過程で西欧的あるいはハイデガー的な思考が、いずれ「存在」のために否定されるさまざまな機制、「存在」を肯定し、「存在」の無限を証明するためにのみ有限性として措定される「存在者」たち、実体、主体、意識、自我、世界、時間等々は、すべてその有限性においてそれ自身で積極的な意味をもつものとして肯定されてゆく。時代のもっとも過酷な試練にさらされた思考だが、ここにはいかなるニヒリズムもないというべきではないだろうか。この本に呈示されているのは、その後も困難な歩みを続けるこの思考の最初の一段階である。

*

この本は、最初の出版から三十年後一九七七年に、版元をフォンテーヌからヴランに移し「第二版への序文」を付して再刊され、一九八一年に重版されて以来版を重ねている。翻訳はこの八一年版によった。本文は最初のものと同じである。

この本についてはすでにいくつかの言及があるが、とりわけ、戦前から戦後にかけてのレヴィナスの思考が、当時の哲学界の諸課題とユダヤ人の運命とをともに引き受けながら、そのなかで次第に深められ練りあげられてゆくその足取りについては、ここ数年来レヴィナスに関する総合的な研究を精力的に続けている合田正人氏による「出口なき脱出の方位」(『ユリイカ』一九八五年八月号)があり、翻訳の上でも多くの貴重な示唆をえた。また同氏と内田樹氏の訳編によるレヴィナス主要論文集『超越・外傷・神曲』(国文社)には「逃走について」他、この本の端緒となる論文が採録されている。あわせて参照されたい。

なお同書に、この本の原注で指示されている雑誌既発表の序章の冒頭と「世界なき実存」の後半にあたる論文「ある」が収められており、翻訳を参考にさせていただいた。

この小さな書物に訳者としては全力投球してみたつもりだが、エッセイ風でありながら哲学の厚く錯綜した概念と方法の森をくぐりながら書かれているこの本の、細部にいたるまで注意が行き届いたとはとても言えない。訳注もあるときには不充分、あるときには必要な凝縮を欠く、といったことにもなっているだろうが、いくつかの注についてはレヴィナス研究にいささかでも資するところがあればと、あえて煩雑をいとわなかった。不行き届きの点については、読者諸賢の御批判と御教示を伏して仰ぎたい。

最後に、この訳書出版の共同作業者である朝日出版社編集部の赤井茂樹氏に、出版の段取りをつけていただき、予定を何度も白紙に戻しながら遅れに遅れる訳者の作業に辛抱強く付き合っていただいたことを心から感謝したい。

一九八七年九月

西谷　修

ちくま学芸文庫版　訳者あとがき

一九八七年に朝日出版社から、ブランショの『明かしえぬ共同体』やナンシーの『無為の共同体』に続いて刊行された本訳書は、ささやかな部数を刷っただけで長らく品切れになっていたが、その後の日本でのレヴィナスへの関心の高まりを受けて、一九九六年に講談社学術文庫に収められた。この文庫版は幸い刷を重ねて二〇〇〇年までに六刷を数えたが、その後数年が経ち、もはや先がないということで版を絶たれる時がきていた。けれどもこのたび、本書の価値を認められたちくま学芸文庫編集部のご厚意で、この訳書はもう一度新たな生を得ることになった。

日本でレヴィナスの本格的な紹介や研究が緒についたころ、このユダヤ人哲学者の独自の思考の「原風景」を示すものとして、レヴィナスはまずこの本を読んでほしいと考え、未踏の地を踏み分ける思いで訳にあたった者としては、冥利に尽きる思いである。

訳書ばかりでなく、そもそも原著がいくつもの序文をもつことに印されているように、この本はいくたびも忘却の喫水線とたわむれる定めを負ってきたかのようである。だが、それはたんにこの本が出会った偶発的な事情からというよりは、本のテーマと切り離せない運命だったように思われる。というのは、この書の中心的モチーフは、すでに措定された諸概念の検討や再構成ではなく、思考が始まる端緒における主体の誕生＝定位という出来事そのものを記述すること、発話とその不可能性の境界で、発話の主の浮上と埋没との水際に起こる出来事の記述だったからである。ここでは、意識するとか思考するということは、純粋な行為としてあるのでもなければ、なにかの出発点でもありえない。「思う（考える）」が証言するのは「われ」の還元不能な現存なのではなく、ただわれにもあらず「ある」という無限定な事実だけだというのだから。ありうべき主体はいまだ誰とも限定されない「ある」に浸っており、その「ある」からの分離としてしか主体は生じえない。けれどもその分離も、まったき離脱として起こるのではなく、「ある」の内部にひだを折るようにして、関係を重層化することでかろうじて確保される。だからここには、「主体」も「世界」も含めて純粋な概念は存在しないし、無垢な論理もなにひとつない。主体は、事後的に「悪（災い）」とみなされる混沌の闇から、「ある」を抱えた不純なものとしてしか成立しないし、その誕生の記述は、主体の生成以後にはじめて立てられるカテゴリーを先取りしながら、自家撞着や同義語反復をくり返すことでかろうじて可能になる体のものなのだ。

そのような「不純さ」は、「ある」という語に籠められたものが、たんに抽象的な観念なのではなく、あえて言うなら具体的な「生命（いのち）」の世界の無限定な拡がりへと開かれていることに由来する。自分や世界が「存在する」という意識、あるいはその区別もなくただ単に「存在する」と言われるにしても、「存在する」という意識は、「実存がある」つまりは「生命がある（生きている）」という事実と別のものではない。ただしこのとき「生命」は、プラトン主義からキリスト教を経てヘーゲル、ハイデガーにいたるまで、ヨーロッパの観念論が抜きがたく思い込んできたように「精神」に帰属するものではない。というのも、「ある」とは生存の極限的な剝き出し状態でもあり、そのようなものとして、「精神」が「世界」とともに崩壊するときにすべてを呑み込んで拡がる「夜」なのだから。そしてその「夜」とは、「精神」がみずから規定する「物質」という「生命なき概念」のうちに回収しきれなかった残滓、「闇にうごめく生命の沼」とも呼ぶべきものであり、そのうごめく「物質的生命」なしにどんな「実存者」もありはしないのだ。

つまりはこの「不純さ」は、ラジカルな唯物論に避けがたく付きまとう不純さなのである。それは、概念の整理の不足やカテゴリーの混同のためではなく、生存の経験のもっとも基本的な次元から、欺瞞なく思考しようとするときに避けがたく生ずるものである。生きた意識が純粋ではありえないように（意識はすでに意識ではない無意識や身体と不可分に関係している）、「現在」から出発するほかない（言いかえれば絶対の出発点のない）思考は「不純さ」を自覚的に引き受けてゆかねばならない。よく言われる「複合性」とは、はじめから見分けられる単位によって構成された結果というより、端緒の「不純さ」の反省による透明化なのだというべきだろう。

レヴィナスはいまでは、日本でもっともよく読まれるフランス系哲学者のひとりとなり、訳書が出るばかりでなく多くのすぐれた研究や解説が書かれている。訳者はもはやそれに付け加えて何ごとかを語る任にはないが、二〇〇五年の現在、レヴィナスの思考の原風景を記したこの本が再版されるに際して、ひとつのことだけを喚起しておきたい。

本書の主要テーマである「ある」は、その後のレヴィナスの思考の展開のなかでは後景に退くことになるが、それは先ほどもふれたように、主体的意識が闇に沈んだいわば「ネガティヴな生」あるいは「僅少の生」の境涯に結びついている。そしてこの場合、「生」は「精神」に属するのではなくむしろ身体の側にあり、「眠る身体」にこそ宿っている。「ある」というタームが問題化するのは、このような意識あるいは精神なき生存のエレメントである。そこから出発して「人間」の生存を考え直すということ、このことは、きわめてアクチュアルで根本的な二つの問題系を呼び起こさずにはいない。ひとつは医療テクノロジーによって作り出される「脳死」の状況であり、またさまざまな意味での「身体の資材化」の地平であり、もうひとつはいまグローバル規模の政治のなかで作り出されている「アウシュヴィッツ」の合法化ともいうべき状況、「テロとの戦争」の論理が正当化するキューバのグアンタナモ刑務所やその類同物の収監者たちの状況である。

最近ではイタリアの哲学者ジョルジョ・アガンベンが、ギリシア語の「生」を意味する二つのターム「ビオス」と「ゾーエー」の区別を援用して展開している「例外状況」に関する論議（『ホモ・サケル』など参照）は、「ある」に含意された生存の境位と深く関わっている。収容所こそは法が停止される「例外状況」あるいはその恒常化状況であり、そこでの人間の生存が「ある」として記述されたのである。ここで踏み込んで論及することはできないが、世界戦争以来、「文明」の名のもとに進められたテクノロジーと統治の技術の進展は、精神化され個別化された個人のレジームを踏み破って、非人称的な生存の領域にまで浸透するようになってきた。そのことが近年「生‐政治」といったタームのもとに語られるようになったが、このような技術と政治による生存の統治が、「人間」にとってどういう意味＝方向をもっているのかを考えるうえでも、レヴィナスの記述した「ある」は今でも思考の降り下りうる極限を示しているように思われる。

終わりに、本書の読者の便宜を考え、一九九五年のレヴィナスの死に際してある新聞に寄せた一文を、全般的な解説に代えて再録させていただく。

フランスの哲学者エマニュエル・レヴィナスが昨年暮れの二五日にパリで亡くなった。一九〇六年生まれで享年八九歳、大往生と言ってよいだろう。だがけっして静かな思索家の生涯ではなかった。

レヴィナスはもともとフランス人ではない。帝政ロシアの一隅にあったリトアニアに生まれ、ヘブライ語聖書とロシア文学を揺籃（ゆりかご）として育った「東方ユダヤ人」だ。かれはポグロム（ユダヤ人迫害の暴力）の繰り返されるロシアで、少年期に革命の動乱を経験し、流浪の学究としてフランスにやってきた。そして「フランス語への愛」のためにこの国に帰化するが、哲学者としての最初の業績は、現象学とハイデガー哲学をもたらしたことだった。

第二次大戦の勃発とともに彼は志願して前線にゆき、捕らわれてドイツの捕虜収容所で終戦までの四年間を過ごした。そのためかれはホロコーストを免れたが、帰還してユダヤ人を襲った災厄を知り、リトアニアに残った家族の全滅を知った。レヴィナスが初めて独自の哲学者としての実を示した『実存から実存者へ』は、この「世界の崩壊」のなかからいかにして人間というものをもう一度蘇らせることができるかを課題としたものだと言ってよい。「アウシュヴィッツ」がたんに一民族に関わる出来事ではなく、加害者も被害者も人間が人間でなくなるような極端な状況を現出しえたという意味では、それは西洋近代が思い描いた「人間」の挫折を決定づけた出来事である。その「人間」の廃墟からふたたび、しかし別様に人間を立ち上がらせること、それは二〇世紀後半のあらゆる思想の課題でもあったはずだ。

かれはユダヤ人として思考したほとんど最初の哲学者だ。それまでマルクスにしてもフッサールにしても、哲学者たちはみなユダヤ性からの脱却を主張したり、ギリシア的理性の普遍を強調したりした。しかし西洋近代の合理的な社会は、聖書の伝統を忘却することでヨーロッパのもうひとつの起源、ヘブライの伝統を捨て去ってきた。それが全体主義とナチズムの暴力を生み出すことになったのである。だからレヴィナスはユダヤ人として、その伝統を蘇らせながら思考する。

西洋近代の哲学は、自由な主体を出発点とした主体の形而上学だった。その主体は能動的な行為の主体であり、他者を否定し同化することで自己を拡大してゆく、いわば征服の主体である。そしてその極みに殲滅の極限的暴力がある。それに対してレヴィナスは、弱者としての他者に先立たれ、他者の「汝殺すなかれ」という呼びかけに答えることを引き受ける、責任（応答性）の主体を構想する。それは「存在の真理」に「倫理の要請」を先立たせることであり、西洋的な「全体性」の思考の基底に、ユダヤ的な「無限」の観点を装塡することでもあった。

レヴィナスのこの試みは、フランスの戦後思想のなかではいわば「時代錯誤」的なものだった。だから実存主義に始まり、構造主義、ポスト構造主義と続いて世界の思想のモードをリードしてきたフランス思想界の流れのなかにレヴィナスの位置はなかった。けれども七〇年代にマルクス主義が退潮し、戦後思想の枠組みを規定してきた冷戦構造が崩壊するにつれ、「戦争と革命の世紀」の思想の課題があらためて露呈するようになると、誰もが時代の深層で弛みなく続けられていたレヴィナスの仕事に注目したのである。八〇年代以降、「他者性」や「倫理」や「責任」といった語が哲学的論議の重要なテーマになるが、その先鞭をつけたのは明らかにレヴィナスの功績である。

ユダヤ人の運命と哲学的思考とを切り離さないレヴィナスの思考は、ある意味では限定されたものである。にも拘らずそれが世界的に重要な意味をもつようになったのは、ヨーロッパにおけるユダヤ人が土地に帰属しない「流浪の民」を代表しており、産業化による人口移動や「世界戦争」による世界の統合や、植民地支配の遺産や経済格差によって、さらには資本の世界化や情報化によって、現代の世界では故郷をもたないことが多かれ少なかれあらゆる人びとの生存の様態になっているからだ。それに技術が優位に立つ世界のなかでふたたび人間の意味が問われるとき、「あまりに人間的な」レヴィナスの「倫理の思考」は人間にもう一度考えるべきことを思い出させる。

とりわけ感動的なのは、この動乱の一世紀近くを、ヨーロッパにおいてユダヤ人であることという脆弱な運命を生きながら、いかなる絶望やニヒリズムとも無縁に、「善」へと向かう思想をたゆむことなく、忍耐強く鍛え続けたことだ。深い微笑みをたたえて「忍耐の修練」を語ったかれもまた、幻想なき希望の哲学者だった。(「産経新聞」一九九六年一月一一日)

今回、ちくま学芸文庫へ収録していただくにあたって、文庫編集部の町田さおりさんにたいへんお世話になった。訳者の時間的な不如意を補って、本文の点検から表紙の選定まで、行届いた作業をしていただいた町田さんへの感謝のことばを記しておきたい。

二〇〇五年十一月

西谷　修

ちくま学芸文庫

実存から実存者へ

二〇〇五年十二月十日　第一刷発行
二〇一九年四月二十日　第五刷発行

著者　エマニュエル・レヴィナス
訳者　西谷　修（にしたに・おさむ）
発行者　喜入冬子
発行所　株式会社　筑摩書房
東京都台東区蔵前二―五―三　〒一一一―八七五五
電話番号　〇三―五六八七―二六〇一（代表）
装幀者　安野光雅
印刷所　株式会社厚徳社
製本所　株式会社積信堂

ISBN4-480-08954-3 C0110